Vanessa Érica da Silva Santos

Die Zuständigkeit der Arbeitsgerichte in Bezug auf öffentlich Bedienstete

AF154719

Vanessa Érica da Silva Santos

Die Zuständigkeit der Arbeitsgerichte in Bezug auf öffentlich Bedienstete

Eine Betrachtung der Verfassungsänderung Nr. 45 zu den Verfahrensstreitigkeiten von Staatsbediensteten

ScienciaScripts

This book is a translation from the original published under ISBN 978-613-9-63840-6.

Publisher:
Sciencia Scripts
is a trademark of
Dodo Books Indian Ocean Ltd. and OmniScriptum S.R.L publishing group

120 High Road, East Finchley, London, N2 9ED, United Kingdom
Str. Armeneasca 28/1, office 1, Chisinau MD-2012, Republic of Moldova, Europe
Printed at: see last page
ISBN: 978-620-7-38356-6

Ich widme dieses Werk meiner Familie, die mich täglich dazu inspiriert, mich zu überwinden.

ZUSAMMENFASSUNG

Die Reform des Justizwesens, gerade mit dem Verfassungszusatz 45, hat dem Arbeitsgericht eine größere Bedeutung verliehen. Sie hat von Anfang an einige Lücken in der Zuständigkeit für arbeitsrechtliche Streitigkeiten geschlossen und das Arbeitsgericht institutionell gestärkt, da die materielle Zuständigkeit erweitert wurde. Das Arbeitsgericht erhielt nämlich die Zuständigkeit für die Beurteilung von Arbeitsverhältnissen im Allgemeinen, im Gegensatz zum klassischen Modell, das nur die Zuständigkeit für Arbeitsverhältnisse vorsah. Diese Studie befasst sich mit dem alten Verfassungstext, der eine Zuständigkeit nur für Arbeitsverhältnisse vorsah, und zeigt die Veränderungen nach der Verfassungsänderung auf, wonach das Arbeitsgericht für alle Konflikte zuständig ist, die sich aus einem Arbeitsverhältnis ergeben, also auch für das damalige Rechtsverhältnis zwischen Beamten und der öffentlichen Verwaltung. In der Zwischenzeit werden Methoden zur Auslegung der betreffenden Verfassungsnorm wie die historisch-evolutionäre Methode und die Methode der maximalen Wirksamkeit der Verfassungsnorm sowie die deduktive Methode der Annäherung und die indirekte Dokumentation als Forschungstechnik verwendet, wobei sich im Laufe der Untersuchung herausstellt, dass zwischen den Gelehrten große Uneinigkeit über die Reichweite des Begriffs Arbeitsverhältnis besteht. Einige behaupten, dass die vom Bundessenat gebilligte Formulierung Beamte, die durch Gesetz geschaffene Stellen besetzen, unabhängig davon, ob es sich um unbefristete oder beauftragte Stellen handelt, einschließlich der Gemeinden und öffentlichen Stiftungen dieser Bundeseinrichtungen, von der Zuständigkeit des Arbeitsgerichts ausgenommen hat. In der Rechtsprechung hat sich die Auffassung durchgesetzt, dass immer dann, wenn die Beziehung zwischen dem öffentlichen Bediensteten und der Union, einer Autarkie oder einem föderalen öffentlichen Unternehmen auf einem Arbeitsverhältnis beruht, die Klagen vor den Arbeitsgerichten eingereicht werden müssen. Beruht die Klage hingegen auf einem Verhältnis, das durch das Beamtenstatut (Gesetz 112/91) geregelt ist, so fällt sie bei Bundesbediensteten in die Zuständigkeit des Bundesgerichts und bei Staats- und Gemeindebediensteten in die des Staatsgerichts. Wenn es sich als unbestreitbar erweist, dass zwischen dem Beamten und der öffentlichen Verwaltung ein Arbeitsverhältnis im weitesten Sinne besteht, wenn auch von anderer Rechtsnatur als das vertragliche Arbeitsverhältnis, so wird man feststellen, dass diese Tatsache allein nicht den Mantel einer spezialisierten Gerichtsbarkeit verdient, und indem man einen solchen Bruch zulässt, gibt man zu, dass vor fast zehn Jahren ein echter politischer Rückschlag in der Justiz im Hinblick auf die Spezialisierung der Gerichte erfolgte. Es wird eine Analyse der einstweiligen Verfügung erfolgen, die anlässlich der Einreichung der ADIn Nr. 3395 erlassen wurde, die die Auslegung der Einbeziehung der Beamten in die Zuständigkeit des Arbeitsgerichts aussetzte und schließlich dem Willen des Gesetzgebers widersprach, der eindeutig beabsichtigte, sie einzubeziehen, um die Streitigkeiten zwischen ihnen und der Verwaltung zu beschleunigen und ihnen die notwendige Aufmerksamkeit zu schenken.

Schlüsselwörter: Arbeitsrecht. Materielle Zuständigkeit. Beamtinnen und Beamte. Abänderung 45. ADIn 3395.

ZUSAMMENFASSUNG

1 EINFÜHRUNG

Die Verfassungsänderung 45 ist ein unbestreitbarer Schritt nach vorn, der die erste Phase der Justizreform einleitet, auch wenn sie noch einige Mängel aufweist. Das Arbeitsgericht hat einen großen institutionellen Aufschwung erfahren, da seine materielle Zuständigkeit erheblich ausgeweitet wurde und schwerwiegende Lücken bei der Zuständigkeit für typische Arbeitsstreitigkeiten geschlossen wurden.

Durch eine noch nie dagewesene Detaillierung der Regel, mit dem notorischen Ziel, Konflikte und Ausnahmen von der Zuständigkeit so weit wie möglich zu vermeiden, brachte die fragliche Verfassungsänderung eine bedeutende Neuerung in der Disziplin der materiellen Zuständigkeit des Arbeitsgerichts. Sie gab dem Arbeitsgericht die Zuständigkeit für andere Streitigkeiten anderer Art, die seiner klassischen Zuständigkeit für Streitigkeiten zwischen Arbeitnehmern und Arbeitgebern völlig fremd sind.

Im Mittelpunkt dieser Frage steht die Frage, ob der durch die genannte Verfassungsänderung eingefügte Begriff des Arbeitsverhältnisses auch die durch das Gesetz 8.112/91 geregelten Verhältnisse der öffentlich-rechtlichen Bediensteten umfasst. Ausgehend von den Lehren renommierter Ärzte und Wissenschaftler zu diesem Thema wird gezeigt, dass der Versuch des Gesetzgebers, die Gruppe der öffentlich Bediensteten einzubeziehen, um die materielle Zuständigkeit des Arbeitsgerichts zu bestimmen, bemerkenswert ist.

Kurzum, der neue Verfassungstext von Art. 114 des CF/88 hat das Arbeitsgericht zum natürlichen Gericht gemacht, bei dem alle Konflikte, die sich aus persönlicher Arbeit für andere ergeben, zusammenlaufen müssen.

Ziel dieser Arbeit ist es, die rechtlich-administrativen Beziehungen zwischen den Beamten und dem Staat zu untersuchen, ohne natürlich das Thema aufgrund der Breite des Themas zu erschöpfen.

Die Relevanz der Arbeit beruht auf der Wirksamkeit effizienter Lösungen für Arbeitskonflikte, die die menschliche Arbeit im weitesten Sinne als Instrument zur Verwirklichung und Umsetzung sozialer Gerechtigkeit überlagern.

Die Bundesverfassung ist ein wichtiger Meilenstein für den gesellschaftlichen Paradigmenwechsel, weil sie Werte aufnimmt, die für die Auslegung von Gesetzen massgebend sind, und dem Rechtsanwender einen neuen

Ton gibt, der auf die Erfüllung der in der Verfassung verankerten Rechte ausgerichtet ist.

Mit Hilfe der für Verfassungsnormen spezifischen Interpretationsmethoden, wie der historisch-evolutionären Methode und der Methode der maximalen Wirksamkeit von Verfassungsnormen, der deduktiven Methode der Annäherung und der indirekten Dokumentation als Forschungstechnik, werden wir nach Antworten auf die problematischen Fragen suchen, die durch diese Forschung aufgeworfen werden.

Zunächst wird die Reichweite des Begriffs "Arbeitsverhältnis" in der neuen materiellen Rechtsprechung des Arbeitsgerichts untersucht, um zu erörtern, ob der Ausdruck "Arbeitsverhältnis", der den Ausdruck "zwischen Arbeitnehmern und Arbeitgebern" in Art. 114 des CF/88 ersetzt hat, auch hybride Verhältnisse, wie das Verhältnis zwischen öffentlich Bediensteten und der öffentlichen Verwaltung, umfasst.

Die wichtigsten Meinungen von Wissenschaftlern zu diesem Thema werden ebenso erörtert wie die Position des Arbeitsgerichts selbst und des Obersten Gerichtshofs.

Insbesondere wird eingehend analysiert, wie der Wortlaut von Artikel 114 Absatz I vom Ausschuss für Verfassung, Justiz und Staatsbürgerschaft des Föderalen Senats dargestellt wurde, wobei die Einreichung der ADIn Nr. 3395 zu den aufgeworfenen Verfassungsmängeln sowie die Meinungen derjenigen, die dem Standpunkt des STF folgen, und derjenigen, die die Gründe für die von diesem Obersten Gerichtshof erlassene einstweilige Verfügung bestreiten, hervorgehoben werden, wobei davon ausgegangen wird, dass die Zuständigkeit des Arbeitsgerichts auf Rechtsstreitigkeiten im Bereich der Verwaltung ausgeweitet wurde.

2 UNEINIGKEIT ÜBER DIE ZUSTÄNDIGKEIT FÜR DIE BEURTEILUNG VON RECHTSSTREITIGKEITEN IM VERWALTUNGSBEREICH: ARBEITSGERICHTE VS. ORDENTLICHE GERICHTE.

Die wesentliche Ausweitung der Zuständigkeit des Arbeitsgerichts war die wichtigste Auswirkung der Verfassungsänderung 45/2004. Vor dieser Änderung beschränkte sich die Zuständigkeit des Arbeitsgerichts auf das Arbeitsverhältnis, d.h. auf Streitigkeiten zwischen Arbeitnehmern und Arbeitgebern und, in Übereinstimmung mit dem Gesetz, auf andere Streitigkeiten aus dem Arbeitsverhältnis. Im neuen Verfassungstext wird nur noch der Begriff des Arbeitsverhältnisses verwendet, mit dem bemerkenswerten Ziel, die Zuständigkeit der Arbeitsgerichte zu erweitern, da die Bedeutung des Begriffs viel weiter gefasst ist als die des Arbeitsverhältnisses und sowohl in der Lehre als auch in der Rechtsprechung fest verankert ist.

Mit dieser Änderung wurden einige Probleme gelöst, während andere neu entstanden sind. Dazu gehört die Frage der Zuständigkeit für die Beilegung von Konflikten zwischen Staatsbediensteten und der öffentlichen Verwaltung.

An dieser Stelle ist anzumerken, dass Arbeitsstreitigkeiten eine besondere Behandlung verdienen, weil sie sich mit Lebensmitteln befassen, die für die Ausführenden von größter Dringlichkeit sind, so dass es zunächst keine Möglichkeit gibt, die Arten von Arbeitsverhältnissen nach dem Grad der Bedürftigkeit zu unterscheiden, da alle Arten von Arbeitsverhältnissen eine Gleichbehandlung verdienen.

Die Analyse der Rechtsprechung bezieht sich auf die Bewertung der Rechtsprechung, die gleichzeitig eine Macht, eine Funktion und eine Tätigkeit ist. Wie Araujo (2005, S.13) es ausdrückt:

"Als Macht ist sie die Manifestation der Staatsmacht, die zwingend entscheidet und Entscheidungen durchsetzt. Die Rechtsprechung ist in diesem Sinne heteronom, weil die Parteien die Lösung nicht selbst finden (Selbstbestimmung), sondern sich dem unterwerfen müssen, was von einem Dritten (dem Staat) entschieden wird. Als Funktion ist die Gerichtsbarkeit der Auftrag an die staatlichen Organe, die Befriedung interindividueller Konflikte durch die Verwirklichung eines gerechten Rechts und durch den Prozess zu fördern. Als Tätigkeit ist sie der Komplex von Handlungen, die der Richter im Prozess vornimmt, indem er die ihm vom Gesetz zugewiesene Befugnis ausübt und die Funktion erfüllt. Macht, Funktion und Tätigkeit können nur durch ein ordnungsgemäß gestaltetes Verfahren (due process of law) rechtmäßig verwirklicht werden.

Ziel der Rechtsprechung ist es, sicherzustellen, dass die Vorschriften des materiellen Rechts tatsächlich die von ihnen geforderten Wirkungen entfalten. Auf diese Weise lässt sich zusammenfassen, dass die Rechtsprechung auf der konkreten Umsetzung der Rechtsvorschriften beruhen muss, weshalb im vorliegenden Fall eine Analyse ihrer Tragweite im konkreten Fall der öffentlich-rechtlichen Bediensteten vorgenommen wird.

Zu diesem Punkt stellt Araujo (2005, S. 13) fest, dass:

"Die Zuständigkeit ist das Maß der Zuständigkeit. Die staatliche Hoheitsgewalt ist aus der Sicht des Staates im Verhältnis zu anderen Einheiten unteilbar und nicht delegierbar, aber im Verhältnis zum Staat selbst müssen Kriterien gefunden werden, die eine rationale Ausübung dieser Macht ermöglichen. Aus funktionaler Sicht ist die Gerichtsbarkeit nichts anderes als das Prinzip der gesellschaftlichen Arbeitsteilung, das auf die Gerichtsbarkeit angewandt wird. Sie ist ein Kriterium für die Rationalisierung von Dienstleistungen und die Verteilung von Aufgaben, wie jedes andere in jeder menschlichen Gruppe, die auf ein bestimmtes Ziel hinarbeitet. Praktische Gründe zwingen den Staat dazu, die Rechtsprechungsbefugnis auf verschiedene Richter und Gerichte aufzuteilen, da es nicht möglich ist, dass eine einzige Instanz alle Streitfälle behandelt und alle Fälle entscheidet. Diese Aufteilung der Befugnisse erfolgt nach bestimmten Kriterien und soll nicht nur den Interessen des Staates (der Justiz), sondern auch denen von Privatpersonen dienen. Alle Richter üben ihre Befugnisse in einem bestimmten Umfang und innerhalb bestimmter Grenzen aus.

Dieses Verständnis zeigt, wie wichtig die Bestimmung der geeigneten Gerichtsbarkeit ist, auch als Maßnahme für eine wirksame Rechtsprechung, die im Folgenden im Detail bewertet wird.

3 DAS ARBEITSVERHÄLTNIS UND DER STAATSBEAMTE

Vor der Einfügung des Begriffs des Arbeitsverhältnisses durch EG 45 war klar, dass nur Beamte, die unter das Gesetz über das öffentliche Dienstrecht fallen, ihre Streitigkeiten vor dem Arbeitsgericht austragen können. Diese Auffassung war bereits so gefestigt, dass sie keiner weiteren Erläuterung bedurfte. In gleicher Weise war klar, dass Beamte ihre Streitigkeiten mit der öffentlichen Verwaltung vor dem ordentlichen Gericht austragen mussten, da sie nicht in einem Arbeitsverhältnis standen, wie es im Arbeitsvertrag vorgesehen war.

Nach der Veröffentlichung dieser Novelle gingen jedoch einige Wissenschaftler davon aus, dass Konflikte, die sich aus dem institutionellen Charakter der gesetzlichen Beamten ergeben, in die Zuständigkeit des Arbeitsgerichts fallen, wie im Folgenden gezeigt wird.

Mit dem Wortlaut von EG 45/04 lautet Artikel 114, I des CF/88 nun wie folgt:

Art. 114: Das Arbeitsgericht ist für die Verfolgung und Beurteilung zuständig:

I - Ansprüche aus Arbeitsverhältnissen, einschließlich externer öffentlich-rechtlicher Körperschaften und der unmittelbaren und mittelbaren öffentlichen Verwaltung der Union, der Länder, des Bundes und der Gemeinden;

Die Kontroverse liegt in der Definition des Begriffs "Arbeitsverhältnis". Im Allgemeinen ist das Arbeitsverhältnis eine Gattung, von der das Arbeitsverhältnis eine Art ist. Das Arbeitsverhältnis entsteht durch die allgemeine Erbringung von Dienstleistungen und nicht durch den untergeordneten Willen einer der Parteien, wie es beim Arbeitsverhältnis der Fall ist. Ein Arbeitsverhältnis besteht nur während der Erbringung von Dienstleistungen und so lange, wie diese erbracht werden. Das Bestehen eines Arbeitsverhältnisses setzt eine Vereinbarung voraus, auch wenn sie nur mündlich oder stillschweigend getroffen wurde, auch wenn sie nicht ausdrücklich ist.

Für die einen ist das Arbeitsverhältnis die verbindliche Verbindung, die sich aus dem Unterordnungsverhältnis ergibt, das der Arbeitnehmer dem Arbeitnehmer schuldet. Für andere besteht ein Unterschied zwischen einem

Arbeitsverhältnis und einem Arbeitsvertrag.

In Artikel 442 des Arbeitsvertragsgesetzes heißt es: "Der individuelle Arbeitsvertrag ist die stillschweigende oder ausdrückliche Vereinbarung, die dem Arbeitsverhältnis entspricht".

Artikel 444 desselben Gesetzes besagt, dass Arbeitsverträge von den betroffenen Parteien frei gestaltet werden können (solange sie nicht im Widerspruch zu den Arbeitsschutzbestimmungen stehen). Artikel 468 des Arbeitsvertragsgesetzes wiederum lässt Änderungen des Arbeitsvertrags zu, erfordert aber die gegenseitige Zustimmung. Somit würden Arbeitsverhältnisse auch Selbstständige einschließen (da sie nicht untergeordnet sind), während Arbeitsverhältnisse nur Arbeitnehmer einschließen würden, mit den in Artikel 3 des Arbeitsvertrags festgelegten Anforderungen.

Obwohl man sagen kann, dass die Arbeitnehmer derzeit einem Knebelvertrag unterliegen, können angesichts ihrer prekären wirtschaftlichen Lage und der geringen Zahl an formellen Arbeitsplätzen einige Klauseln wie Löhne und Arbeitszeiten noch ausgehandelt werden.

Nach Martins (2005, S.168):

Der Arbeitnehmer wird das Gehalt nicht akzeptieren, wenn es zu niedrig ist, es sei denn, er braucht die Stelle. Wenn er einen anderen Arbeitsplatz mit denselben Arbeitszeiten hat, wird er die vom neuen Arbeitgeber festgelegten Arbeitszeiten nicht akzeptieren und versuchen, sie auszuhandeln. Dies zeigt, dass, auch wenn es sich um einen Knebelvertrag handelt, etwas zwischen den Parteien ausgehandelt werden kann, was auf die Freiheit hinweist, Teil der Beziehung zu sein und nicht an der Ausarbeitung der Vereinbarung teilzunehmen.

Dies gilt nicht für den institutionellen Beamten, der sich an die zuvor von der Regierung aufgestellten Regeln hält, die sogar von der Verwaltung einseitig geändert werden können.

Es ist jedoch zu prüfen, welche Absicht der Gesetzgeber mit der Ausweitung des Begriffs "Arbeitsverhältnis" verfolgte, da er durch die Verwendung eines allgemeineren Begriffs eindeutig seinen Handlungsspielraum erweitern wollte. Araujo (2005, S.14) bestätigt dieses Verständnis:

Nach Artikel 114 der Verfassung ist das Arbeitsgericht zuständig für "die Schlichtung und

Entscheidung individueller und kollektiver Streitigkeiten zwischen Arbeitnehmern und Arbeitgebern, einschließlich externer öffentlich-rechtlicher Einrichtungen und der unmittelbaren und mittelbaren öffentlichen Verwaltung der Gemeinden, des Bundesdistrikts, der Staaten und der Union, sowie, in Übereinstimmung mit dem Gesetz, für andere Streitigkeiten aus den Arbeitsbeziehungen". So wie er formuliert war, ließ der Verfassungstext nach langsamer rechtswissenschaftlicher Auslegung und Rechtsentwicklung einige Schlussfolgerungen zu: a) der Ausdruck "Arbeitnehmer" ließ einen weiteren Anwendungsbereich zu als der Ausdruck "Beschäftigte" und wurde verwendet, um eine Ausdehnung der sachlichen Zuständigkeit auf andere Arbeitsverhältnisse als das Arbeitsverhältnis (untergeordnete Arbeit) zu ermöglichen, wie z. B. die freiberufliche Arbeit; b) der Ausdruck "und, nach Maßgabe des Gesetzes, andere Streitigkeiten aus dem Arbeitsverhältnis...." wurde als Türöffner für die Einbeziehung anderer Fragen in die Zuständigkeit des Arbeitsgerichts verwendet, wie z.B. die Entschädigung für immaterielle Schäden, die sich aus dem Arbeitsverhältnis ergeben, Vermögensschäden usw.; und c) die Frage der öffentlich-rechtlichen Bediensteten (gesetzlich geregelte Dauer- oder Treuhandstellen) und der Arbeitsunfälle (Art. 643, § 2, CLT) wurde ausgelassen.

Auch wenn es deutliche Unterschiede zwischen Beamten und Vertragsbediensteten gibt, dürfen wir nicht aus den Augen verlieren, dass alle Arten von Arbeitsverhältnissen darauf abzielen, die grundlegenden Überlebensrechte zu sichern, da sie mit Lebensmitteln zu tun haben.

An dieser Stelle lohnt es sich zu fragen: Verdienen Beamte und Angestellte eine Unterscheidung bei Tarifauseinandersetzungen? Brauchen Angestellte mehr Schutz als Beamte? Brauchen Beamte nicht den gleichen gesetzlichen Schutz?

All diese Fragen sind es wert, bei der Analyse dieses Werks berücksichtigt zu werden, denn es ist immer notwendig, herauszufinden, welche normative Absicht bei der Veröffentlichung einer Verfassungsänderung bestand, die den Ausdruck so erweitert, wie es die fragliche Änderung tat.

Es ist auch notwendig, den geringen Umfang des Arbeitsgerichts als einen Faktor zu untersuchen, der dazu führt, dass die anderen Zuständigkeitsbereiche überlastet werden und die gerichtlichen Streitigkeiten ineffizient werden, da es dann unnötig wäre, ein spezialisiertes Gericht einzurichten, das am Ende nicht alle für die soziale Effizienz und die organisatorische Effizienz des Gerichts erforderlichen Bereiche abdeckt.

Bei der Analyse der im brasilianischen Recht festgelegten Anforderungen ist die Kontinuität ein Element des Arbeitsverhältnisses, da die Bestimmung in Art. 3 des CLT, der sich auf die nicht gelegentliche Erbringung von Dienstleistungen bezieht.

Nach Araujo (2005, S. 08):

[...]Kontinuierlich oder nicht dauerhaft, der Arbeitsvertrag ist auf die Zeit bezogen, da es sich um eine kontinuierliche oder aufeinanderfolgende Verpflichtung handelt. Der Ausdruck "nicht gelegentliche Arbeit" oder "Kontinuität" ist ein unbestimmter Rechtsbegriff bzw. ein wertender Begriff, der im konkreten Fall erfüllt sein muss. Es kann vorkommen, dass ein Vertrag, der ursprünglich als sofortige oder aufgeschobene Ausführung gedacht war, zu einem Vertrag mit sukzessiver Dauer wird, weil die Parteien keine fortlaufenden Tätigkeiten vereinbaren, die, wenn sie addiert werden, dazu führen, dass sich sein Charakter ändert. In jedem Fall gilt als hermeneutische Regel, dass bei einem Arbeitsvertrag Kontinuität vorausgesetzt wird und das Vorhandensein einer Beendigungsfrist nachgewiesen werden muss.

Es ist wichtig zu wissen, dass es sowohl unbefristete oder befristete Arbeitsverhältnisse als auch unbefristete oder befristete nicht-untergeordnete Arbeitsverhältnisse geben kann.

Wir müssen daher daran denken, dass das Arbeitsgericht für Streitigkeiten aus Gelegenheits- oder Dauerarbeitsverhältnissen zuständig ist, unabhängig davon, ob es sich um ein Unterordnungsverhältnis handelt oder nicht. Es sei darauf hingewiesen, dass bis zum Inkrafttreten der Verfassungsänderung 45/2004 die Zuständigkeit auf nicht-eventuelle Arbeitsverhältnisse beschränkt war (mit gesetzlich vorgesehenen Ausnahmen). Da die Nicht-Eventualität eine Voraussetzung für die Charakterisierung des Arbeitsverhältnisses ist, konzentrierte sich die Zuständigkeit des Arbeitsgerichts in der Praxis meist auf nicht-eventuelle Arbeitsverhältnisse, d. h. auf solche mit Kontinuität (Araujo, 2005).

4 GEGENSÄTZLICHE POSITIONEN

Nach Ansicht einiger Wissenschaftler kann der Begriff "Arbeitsverhältnis" nicht so weit ausgelegt werden, dass Staatsbedienstete sowohl als Arbeitnehmer als auch als Beamte gelten.

Martins (2005, S.179) stellt ebenfalls fest:

Ein öffentlicher Bediensteter ist ein Angestellter der Union, der Staaten, der Gemeinden, ihrer Autarkien und der Stiftungen, der dem Arbeitsrecht unterliegt und die gleichen Rechte wie ein normaler Arbeitnehmer hat. Er unterliegt **nicht dem Beamtenstatut** (Hervorhebung hinzugefügt).

Er fährt fort: "Staaten, Gemeinden, deren Gemeinden und Stiftungen stellen in der Regel Mitarbeiter unter dem CLT-Regime ein, die **sich nicht von normalen Mitarbeitern unterscheiden**." (Hervorhebung hinzugefügt).

Diejenigen, die dies glauben, obwohl ein gesetzlicher Beamter auf den ersten Blick mit einem Angestellten des öffentlichen Dienstes verwechselt werden könnte, sollten dies nicht tun, denn es ist klar, dass in der Praxis die Anforderungen der Unterordnung, des persönlichen Charakters, der Lästigkeit und der Nicht-Eventualität zwischen gesetzlichen und nicht-gesetzlichen Beamten sogar gemeinsam zu sein scheinen. Abgesehen von der Tatsache, dass der öffentlich-rechtliche Bedienstete der öffentlichen Verwaltung nicht untergeordnet ist (im arbeitsrechtlichen Sinne), ist jedoch auch festzustellen, dass die öffentliche Verwaltung gemäß Artikel 2 CLT nicht als Arbeitgeber angesehen werden kann, wenn sie keine private Tätigkeit ausübt. Siehe: "Art. 2 - Ein Arbeitgeber ist ein Unternehmen, eine Einzelperson oder ein Kollektiv, das unter Übernahme der Risiken einer wirtschaftlichen Tätigkeit die persönliche Erbringung von Dienstleistungen zulässt, einstellt und leitet."

In diesem Sinne stellt Rodrigues (2005, S.157) fest: "Nun wissen wir, dass der Staat kein Unternehmen ist und schon gar nicht die Risiken einer wirtschaftlichen Tätigkeit übernimmt, es sei denn, er handelt in gleichem Wettbewerb mit Privatpersonen."

Eine eingehende Analyse des Themas der öffentlichen Bediensteten führt zu der Schlussfolgerung, dass diese nicht nur Teil der öffentlichen Verwaltung sind, sondern dass es sich bei ihnen tatsächlich um den Staat handelt, eine abstrakte

Einheit, die durch physische Personen repräsentiert wird, die ihre Position oder Funktion im Hinblick auf das öffentliche Interesse und das Gemeinwohl ausüben (subjektive Theorie der öffentlichen Verwaltung). Der Staat und seine öffentlichen Einrichtungen sind also reale, aber abstrakte Gebilde, die weder einen Willen noch ein Handeln im Sinne eines psychischen oder animistischen Eigenlebens besitzen, das nur biologische Wesen haben können.

Nach Celso Antonio Bandeira de Mello (2001, S. 106) haben wir:

Damit sich diese Zuschreibungen materialisieren und in die natürliche Welt eintreten können, sind physische Wesen erforderlich, die als Akteure handeln. Der Wille und die Handlungen dieser Subjekte werden nach dem Gesetz direkt dem Staat (der sich durch seine Organe manifestiert) zugeschrieben, und zwar so, dass ihr Wille und ihre Handlungen, während sie als Akteure handeln, als Wille und Handlungen der Teilorgane des Staates, also des Staates selbst, empfangen werden. Kurz gesagt, der Wille und die Handlungen des Staates (der sich durch seine Organe manifestiert) werden durch den Willen und die Handlungen der Agenten konstituiert; mit anderen Worten: der Staat und die Organe, aus denen er besteht, werden durch die Agenten ausgedrückt, insofern diese natürlichen Personen in dieser Position als Träger des Ausdrucks des Staates handeln.

Wenn also der Staatsbedienstete der Staat selbst ist, wie kann ihm dann ein Arbeitsverhältnis mit der öffentlichen Verwaltung zugeschrieben werden? Wäre er in seiner Eigenschaft als Arbeitnehmer der Einrichtung unterstellt, die ihn vertritt? Es ist richtig, dass Beamte dieses Arbeitsverhältnis haben, da die öffentliche Verwaltung in diesem Fall eine Tätigkeit ausübt, die privaten Zwecken gleichkommt. Diese Formulierung schließt jedoch die allgemeine Vorstellung nicht aus, dass der Staat tatsächlich aus den Beamten, ihrem Willen und ihrem Handeln besteht. Und da der Beamte der Staat ist, kann er nicht gleichzeitig Angestellter und Arbeitgeber seiner selbst sein. So denken diejenigen, die diesen gegenteiligen Standpunkt vertreten.

Er wandte sich auch gegen die Auffassung, dass Beamte in die sachliche Zuständigkeit der Arbeitsgerichte fallen,

sagt Delgado (2004, S.323):

Aus diesem Grund ist es in Anbetracht des Wesens des Verhältnisses zwischen dem öffentlich Bediensteten und dem Staat (der öffentlich ist) für die Zwecke der Arbeitsgerichtsbarkeit irrelevant, dass es sich auch bei ihnen um natürliche Personen handelt, die ihre Dienste auf persönlicher, nicht ständiger, belastender und untergeordneter Basis leisten - sie sind definitiv keine Arbeitnehmer.

Es liegt also eine konkrete Situation vor, die das Vorhandensein der fünf faktischen und rechtlichen Elemente des Arbeitsverhältnisses zwischen dem Arbeitnehmer und dem Dienstleistungserbringer zeigt, ohne dass es rechtlich gesehen diese Art von Beziehung gibt - ohne dass es also die Figur des Arbeitnehmers gibt. Dies ist eine Situation, die von der Verfassung ausdrücklich ausgenommen ist, die die rechtliche Möglichkeit eines Arbeitsverhältnisses ausschließt, indem sie einen anderen einzigartigen Aspekt hervorhebt, der ebenfalls in dieser Beziehung vorhanden ist. Diese Arbeitnehmer bilden *lato sensu* kein privates Vertragsverhältnis mit den staatlichen Einrichtungen, denen sie dienen, sondern ein öffentliches, unter einem anderen, rechtlich nicht vergleichbaren Standard.

Für einige Gelehrte ist es daher undenkbar, den Begriff des Arbeitgebers so weit auszudehnen, dass er auch die öffentliche Behörde umfasst (wenn diese ihre typische Funktion ausübt). Wenn also die öffentliche Verwaltung in diesem Fall kein Arbeitgeber sein kann, kann sie auch nicht von den gesetzlichen Arbeitnehmern vor dem Arbeitsgericht verklagt werden.

In diesem Sinne ist es notwendig, noch einmal die Absicht des Gesetzgebers zu verstehen, denn eine eingeschränkte Begrifflichkeit einzuführen, obwohl der Gesetzgeber den Anwendungsbereich eindeutig erweitert hat, bedeutet eine Auslegung, die nicht mit dem Gesetz übereinstimmt. Sie sehen, der Gesetzgeber hat nichts getan, was uns zu der Annahme verleiten könnte, dass gesetzlich geregelte Streitigkeiten dieser Spezialisierung nicht bedürfen.

Sie sehen, trotz der unterschiedlichen Anforderungen in den Arbeitsverhältnissen handelt es sich immer noch um die Grundrechte eines jeden Bürgers.

Aus praktischer Sicht stellt sich die Frage: Wozu gibt es ein Arbeitsgericht, wenn nicht alle Arbeitsverhältnisse in seine Zuständigkeit fallen? Warum kann ein Richter, der ähnliche Fälle verhandelt, nicht auch für die Beurteilung dieser Fälle zuständig sein und so die Arbeit der ordentlichen Gerichte beschleunigen? Ausgehend von diesen Fragen lassen sich auch die anderen Argumente für eine Ausweitung der Zuständigkeit verstehen.

5 VORTEILHAFTE POSITIONEN

Aus einem anderen Blickwinkel betrachtet, räumen einige Wissenschaftler ein, dass Ansprüche zwischen Staatsbediensteten und der öffentlichen Verwaltung in die Zuständigkeit der Arbeitsgerichte fallen.

Nach Delgado (2004, S. 285) umfasst das Arbeitsverhältnis folgende Aspekte:

[...] alle Rechtsverhältnisse, die sich dadurch auszeichnen, dass ihre wesentliche Leistung auf einer in menschlicher Arbeit verkörperten Verpflichtung zur Leistung beruht. Er bezieht sich daher auf jede Art von Vertrag über menschliche Arbeit, die heute zulässig ist. Der Begriff "Arbeitsverhältnis" umfasst also Arbeitsverhältnisse, Selbstständigenverhältnisse, Gelegenheitsarbeitsverhältnisse, freie Mitarbeit und andere Arten von Arbeitsverträgen (wie Praktika etc.). Es handelt sich also um die Gattung, unter die alle in der heutigen Rechtswelt existierenden Formen von Arbeitsverträgen fallen.

Unter diesem Gesichtspunkt kann man also sagen, dass das Arbeitsgericht für die Bearbeitung und Beurteilung von Rechtsstreitigkeiten zuständig ist, deren Klagegründe und Ansprüche das Arbeitsverhältnis betreffen, wie auch immer es aussehen mag. Infolgedessen ist das Arbeitsgericht nun für die Verfolgung und Beurteilung von Fällen zuständig, die Selbständige, Gelegenheitsarbeiter, Statutararbeiter, Genossenschaftsarbeiter und andere betreffen. Die Zuständigkeit ist nicht mehr auf Ansprüche aus dem Arbeitsverhältnis beschränkt.

Laut dem Minister des Obersten Arbeitsgerichts, Dalazen (2005, S. 98):

Es ist klar, dass die Bezugnahme auf Streitigkeiten, die aus einem Arbeitsverhältnis mit einer öffentlichen Einrichtung resultieren, darauf hinweist, dass alle Streitigkeiten, an denen Beamte beteiligt sind, in die Zuständigkeit des Arbeitsgerichts fallen, unabhängig davon, ob sie unter ein celetista- oder ein gesetzliches System fallen.

Es ist anzumerken, dass Gasparini (2001, S. 155) der Ansicht ist, dass

dieser Kontroverse:

Die Beamten zeichnen sich durch ihre Professionalität aus (sie erbringen als Fachleute Dienstleistungen für die unmittelbare, autonome und stiftungsähnliche öffentliche Verwaltung), durch die Abhängigkeit des Verhältnisses (die Einrichtungen, an die sie gebunden sind, schreiben ihr Verhalten bis ins kleinste Detail vor und lassen ihnen keine Autonomie) und durch die Dauerhaftigkeit (Nicht-Eventualität) des Arbeitsverhältnisses, das sie mit diesen Einrichtungen eingegangen sind. Es spielt also keine Rolle, an welches Regime - gesetzlich oder vertraglich - die unmittelbare, autonome und grundlegende öffentliche Verwaltung gebunden ist, wenn das Arbeitsverhältnis durch diese Merkmale gekennzeichnet ist. Sie sind alle öffentliche Bedienstete.

Für diesen scharfsinnigen Gelehrten bezieht sich der Begriff "öffentliche Bedienstete" auf diejenigen, die Dienstleistungen im Rahmen des gesetzlichen Systems erbringen, und diejenigen, die Dienstleistungen im Rahmen des celetarischen Systems für die Union, die Länder, den Bundesdistrikt, die Gemeinden, die Autarkien und die öffentlichen Stiftungen erbringen. Der Begriff ist weit gefasst und umfasst daher alle Inhaber eines öffentlichen Amtes, einer Funktion oder eines Arbeitsverhältnisses, die allesamt der Arbeitsgerichtsbarkeit unterstehen.

Im Zusammenhang mit dem Arbeitsgericht herrscht die Auffassung vor, dass dieses Fachgericht für die Beilegung von Streitigkeiten zwischen Beamten und der öffentlichen Verwaltung zuständig ist.

Am 2., 3. und 4. Februar 2005 veranstaltete das TRT (Regionales Arbeitsgericht) der Region 8ª ein Seminar zur Justizreform, insbesondere im Hinblick auf die neue materielle Zuständigkeit des Arbeitsgerichts gemäß der Verfassungsänderung 45/2004, als die Charta von Belem erlassen wurde. In diesem Dokument stellten die Richter des Gerichts fest, dass das Rechtsverwaltungsverhältnis eine Art von Arbeitsverhältnis ist und in die Zuständigkeit des Arbeitsgerichts fällt.

Auf dem 2. Konferenzzyklus von ANAMATRA kamen die Arbeitsrichter des Staates Piaui zu einer ähnlichen Schlussfolgerung, *in verbis*:

VI- Öffentliche Bedienstete: Das Arbeitsgericht ist für die Bearbeitung und Beurteilung von Streitigkeiten jeglicher Art zuständig, an denen öffentliche Behörden und Beamte beteiligt sind. Was die dem Verwaltungsregime unterworfenen öffentlichen Bediensteten betrifft, so ist der Gesetzestext eindeutig in dem Sinne, dass sie in die Zuständigkeit des Arbeitsgerichts einbezogen werden. Aufgrund einer einstweiligen Verfügung in einem ADI-Verfahren ist dieser Punkt jedoch ausgesetzt worden.

Die Änderung des Wortlauts war bedeutsam. Zuvor war die Zuständigkeit des Arbeitsgerichts auf Streitigkeiten zwischen Arbeitnehmern und Arbeitgebern, d.h. aus dem Arbeitsverhältnis, und, in Übereinstimmung mit dem Gesetz, auf andere Streitigkeiten aus dem Arbeitsverhältnis beschränkt. Um die

Zuständigkeit des Arbeitsgerichts zu erweitern, wurde im neuen Text nur noch der Ausdruck "Arbeitsverhältnis" verwendet, der, wie oben erläutert, eine viel umfassendere Bedeutung hat als "Arbeitsverhältnis".

Die Beziehung zwischen dem öffentlich Bediensteten und der öffentlichen Verwaltung ist ein Arbeitsverhältnis, auch wenn es sich aufgrund der Rechtsnatur der Verbindung, die die Parteien verbindet (gesetzliche oder administrative Regelung und nicht die Konsolidierung der Arbeitsgesetze), nicht um ein Arbeitsverhältnis handelt.

Ein weiterer Aspekt, der zu einer ähnlichen Schlussfolgerung führt, ist die vom Plenum des Föderalen Senats vorgenommene Änderung des Textes von Punkt I des Artikels 114 der Bundesverfassung, als der Text im zweiten Wahlgang abgestimmt wurde.

Der Wortlaut von Artikel 114, Punkt I, der von der Kommission für Verfassung, Justiz und Bürgerschaft des föderalen Senats für die zweite Runde des PEC Nr. 29 aus dem Jahr 2000 (Nr. 96 aus dem Jahr 1999 in der Abgeordnetenkammer) vorgelegt wurde, der Text, der zu der aktuellen Verfassungsänderung Nr. 45/2004 führte, lautete wie folgt:

Art. 114 - Das Arbeitsgericht ist für die Verfolgung und Beurteilung zuständig:
Ansprüche aus dem Arbeitsverhältnis, einschließlich der externen öffentlich-rechtlichen Körperschaften und der unmittelbaren und mittelbaren öffentlichen Verwaltung des Bundes, der Länder, des Bundesdistrikts und der Gemeinden, **mit Ausnahme der Beamten in gesetzlich geschaffenen, unbefristeten oder beauftragten Positionen,** einschließlich der Autarkien und öffentlichen Stiftungen dieser Körperschaften des Bundes.

Die Senatoren haben in der Plenarsitzung die hervorgehobene Passage gestrichen und damit die Ausnahme, die in der Verfassungsänderung 29/2000 bestand, beseitigt. Da es also keine Ausnahmeregelung gab, die "Beamte in gesetzlich geschaffenen, unbefristeten oder beauftragten Positionen" von der Zuständigkeit des Arbeitsgerichts ausschloss, unterliegen sie derzeit dem Fachgericht.

Da es im Gesetz (lato sensu) keine überflüssigen Worte gibt und der Begriff des Arbeitsverhältnisses in Lehre und Rechtsprechung geklärt ist, kann man daraus schließen, dass die ursprüngliche Verfassung beabsichtigte, Klagen von Beamten in die Zuständigkeit des Arbeitsgerichts aufzunehmen. Da der Bundesgerichtshof jedoch in erster Linie für die Wahrung der Bundesverfassung zuständig ist, wird das letzte Wort in dieser Frage von seinen Mitgliedern in der

Plenarsitzung gesprochen werden, möglicherweise wenn sie über die ADIn Nr. 3395 des AJUFE urteilen, die sich seit Jahren hinzieht.

Sobald die unmittelbare Klage auf Verfassungswidrigkeit eingereicht wurde, sehen wir, dass unser Verfassungsgericht einen schwerwiegenden richterlichen Aktivismus betreibt, wenn es eine einstweilige Verfügung erlässt, die die Worte des Gesetzgebers einschränkt, und diese Einsicht über all die Jahre hinzieht, mit schwerwiegenden Folgen für die Langsamkeit der Justiz.

Zu diesem Thema ist es wichtig, die Worte von Luis Roberto Barroso hervorzuheben, der darauf hinweist, dass:

Die Idee des richterlichen Aktivismus ist mit einer breiteren und intensiveren Beteiligung der Justiz an der Verwirklichung der verfassungsmäßigen Werte und Ziele verbunden, mit einer stärkeren Einmischung in den Handlungsbereich der beiden anderen Staatsgewalten. Die aktivistische Haltung manifestiert sich durch verschiedene Verhaltensweisen, darunter: (i) die direkte Anwendung der Verfassung auf Situationen, die in ihrem Text nicht ausdrücklich vorgesehen sind, und unabhängig von den Äußerungen des ordentlichen Gesetzgebers; (ii) die Erklärung der Verfassungswidrigkeit von normativen Handlungen, die vom Gesetzgeber ausgehen, auf der Grundlage weniger strenger Kriterien als denen der offensichtlichen und offensichtlichen Verletzung der Verfassung; (iii) die Auferlegung von Verhaltensweisen oder Enthaltungen gegenüber der öffentlichen Gewalt, insbesondere im Bereich der öffentlichen Politik.

An dieser Stelle muss man sich fragen: Hat dieser richterliche Aktivismus zur Verwirklichung von Werten geführt? Integriert diese Einschränkung soziale Werte in unser Rechtssystem?

Hans Kelsen bestätigt diese Ansicht und erklärt, dass:

[...] Die Anwendung des Rechts ist gleichzeitig die Produktion des Rechts. Diese beiden Begriffe stellen nicht, wie es die traditionelle Theorie will, einen absoluten Gegensatz dar. Es ist falsch, zwischen Akten der Rechtserzeugung und Akten der Rechtsanwendung zu unterscheiden. Wenn wir nämlich die Grenzfälle - die Annahme der Grundnorm und die Ausführung des Zwangsakts -, zwischen denen sich der Rechtsprozess entwickelt, beiseite lassen, ist jeder Rechtsakt sowohl die Anwendung einer höheren Norm als auch die durch diese Norm geregelte Erzeugung einer niedrigeren Norm.

Elival da Silva Ramos erklärt, dass "die korrekte Bezeichnung evolutionäre Interpretation lautet, die systematische Interpretations- und Auslegungstechniken verwendet, um die Norm an die soziale Realität anzupassen. Das ist etwas, das jedes System tut".

Vor dem Hintergrund dieser Grundsätze fragen wir uns jedoch, ob diese restriktive Auslegung evolutionär ist? Ist dies eine Umkehrung der Werte und ein sozialer Rückschritt?

Ausgehend von diesen Fragen ist es notwendig, offener zu sein, um die Details unseres Rechtssystems zu verstehen, damit die Justiz nicht von einem

Vollstrecker der Gesetze zu einer Supermacht wird, die Gesetze erlässt und urteilt.

Araujo (2005, S. 15) hat ein wichtiges Argument vorgebracht, als er die Ausweitung der Zuständigkeit nach der Änderung erörterte. Schauen wir mal:

Diese Frage war sehr umstritten und führte dazu, dass der STF eine Stellungnahme zur Frage der Zuständigkeit abgab, in der er das Kriterium aufstellte, dass der Verfassungstext weiter ausgelegt werden sollte und dass arbeitsrechtliche Fragen, die in die Zuständigkeit des Arbeitsgerichts fallen, nicht auf arbeitsrechtliche Fragen im Zusammenhang mit untergeordneten Arbeitsverhältnissen im engeren Sinne beschränkt sind, sondern beispielsweise auch Fragen der zivilrechtlichen Haftung im Zusammenhang mit dem Arbeitsverhältnis betreffen können. Das Ziel bestand nicht darin, einen Teil der Zuständigkeit des ordentlichen Gerichts abzuschaffen, sondern die Zuständigkeit des Arbeitsgerichts auf die vollständige Lösung von Konflikten im Zusammenhang mit Arbeitsverhältnissen auszudehnen, indem eine breitere Perspektive des Arbeitsverhältnisses geschaffen wurde. Diese neue Sichtweise beruhte im Wesentlichen auf der Auslegung, dass ein und derselbe rechtliche Sachverhalt von verschiedenen Rechtsnormen betroffen sein kann, was zu subjektiven Rechten unterschiedlicher Art führt. Da die Rechtsprechung dazu dienen soll, eine rationale Lösung von Konflikten zu ermöglichen und die Kriterien des materiellen Rechts so weit wie möglich mit den Kriterien des Verfahrensrechts in Einklang zu bringen (das Verfahren ist das Instrument zur Verwirklichung des materiellen Rechts), wäre es unangemessen, die Rechtsprechung in Bezug auf eine Streitigkeit, die im Wesentlichen denselben Ursprung hat, nämlich das Arbeitsverhältnis, übermäßig zu unterteilen.

Daher ist die Absicht des Gesetzgebers, die Zuständigkeit zu erweitern, um sicherzustellen, dass Streitigkeiten, die sich aus einem Arbeitsverhältnis ergeben, von einem spezialisierten Gericht beurteilt werden, bemerkenswert. Der oben erwähnte Autor liefert auch ein sehr schlüssiges Verständnis des Themas, wenn er feststellt:

[...] In der bisherigen Fassung wurde nach der Festlegung einer allgemeinen Zuständigkeit für Streitigkeiten zwischen Arbeitnehmern und Arbeitgebern Art. 114 im Zusammenhang mit den Ausdruck "sonstige Streitigkeiten aus dem Arbeitsverhältnis" durch den Ausdruck "in der Form des Gesetzes" zu ersetzen. Wie in den vorangegangenen Abschnitten dargelegt, war dies die Grundlage für die Behauptung, dass das Arbeitsgericht in diesen Fällen nur dann zuständig wäre, wenn es eine spezifische Gesetzgebung zu diesem Thema gäbe, die ihm die Zuständigkeit verleiht. Eine Analyse des neuen Wortlauts von Art. 114 zeigt jedoch, dass der Artikel die Zuständigkeit des Arbeitsgerichts für Streitigkeiten aus dem Arbeitsverhältnis (im weiteren Sinne) nicht an den Ausdruck "in der Form des Gesetzes" knüpft. Dies geschieht nur in Punkt IX, wo der Verfassungstext von "anderen Streitigkeiten aus dem Arbeitsverhältnis" spricht. Die logische Konsequenz dieser Änderung ist äußerst wichtig, denn seit der Verfassungsänderung 45/2004 ist die Zuständigkeit des Arbeitsgerichts für Streitigkeiten aus dem Arbeitsverhältnis die allgemeine Regel. Es bedarf keiner besonderen Regelung, um sie zuzulassen. Mit anderen Worten, der neue Wortlaut von Art. 114, indem er die Fragen in Abschnitte aufteilt, die Zuständigkeit für Klagen aus dem Arbeitsverhältnis von der Notwendigkeit eines Gesetzes entkoppelt. Die Verfassung selbst, die die hierarchisch wichtigste Rechtsnorm ist, tut dies ausdrücklich! (Araujo, 2005, S.15).

In Anbetracht der obigen Ausführungen gibt es eindeutig eine Überschneidung zwischen der verfassungsrechtlichen Regelung und der allgemeinen

Gesetzgebung, so dass es von entscheidender Bedeutung ist, dass ihre Auslegung mit den Absichten des Gesetzgebers übereinstimmt, denn trotz einiger Befürworter eines uneingeschränkten richterlichen Aktivismus müssen die Absichten des Gesetzgebers und die Harmonie des Rechtssystems stets geprüft werden, da sonst Ungerechtigkeiten begangen werden.

6 AKTUELLES RECHTSWISSENSCHAFTLICHES VERSTÄNDNIS

Unter Berücksichtigung der oben dargelegten hermeneutischen Parameter bestünde kein Zweifel daran, dass die Zuständigkeit für die Verfolgung und Entscheidung von Streitigkeiten aus gesetzlichen Arbeitsverhältnissen beim Arbeitsgericht liegt, ohne dass diesbezüglich Ausnahmen gemacht werden. Dies liegt daran, dass alle Elemente, die ein persönliches Arbeitsverhältnis charakterisieren, vorhanden wären: die Bereitstellung menschlicher Arbeit, der persönliche Charakter (der nicht einmal minimal ist, sondern dem persönlichen Charakter von Artikel 3 selbst entspricht) und der kontinuierliche und koordinierte Charakter (streng genommen untergeordnet, auch in der Art von Artikel 3 des CLT). Es könnte eine Diskussion über die einvernehmliche Grundlage geben, da die Lehre im öffentlichen Dienst immer zwischen vertraglichen Bindungen (öffentliche Arbeitsplätze, die durch das Gesetz geregelt sind) und institutionellen Bindungen (öffentliche Ämter und Funktionen, die durch das Statut geregelt sind) unterschieden hat, und es scheint, dass bei institutionellen Bindungen der Aspekt des Willens weniger relevant ist.

Diesbezüglich stellt Martins (2005, S.74) fest:

Streng genommen unterscheidet sich die eine Hypothese von der anderen durch die Tatsache, dass das celetista-Regime die maßgebliche Norm für private Verträge ist; und nur bei privaten Verträgen gibt es theoretisch Raum für die Ausübung der Vertragsfreiheit. Damit wird jedoch bereits deutlich, wie künstlich diese Unterscheidung ist, zumindest im öffentlichen Dienst: Ob der Beamte nun nach dem celetista-Regime oder nach dem gesetzlichen Regime eingestellt wird, er unterliegt in jedem Fall den Gehältern, dem Arbeitspensum und den Funktionen, die seiner Tätigkeit entsprechen, und zwar nach Maßgabe des Gesetzes, das sie geschaffen und/oder den jeweiligen öffentlichen Wettbewerb zugelassen hat, ohne jeglichen Spielraum für eine Vorabvereinbarung oder gar eine Nachabvereinbarung.

Es sei jedoch darauf hingewiesen, dass auch im Falle institutioneller Bindungen die Übernahme und Ausübung eines Amtes ein Rechtsakt ist, bei dem sich der Beamte an das für die Stelle oder Funktion geltende Statut hält. Man kann also sagen, dass dem rechtlichen Band, das den Beamten mit der Verwaltung verbindet, ein bedingter Akt zugrunde liegt, der dem Beamten alle komplexen, im Statut verankerten Regeln auferlegt. Nach Duguit (a.a.O., MARTINS, 2005) unterscheidet sich der Bedingungsakt vom Vertrag, weil er lediglich eine rechtliche Bedingung für die Anwendung des objektiven Rechts *(in diesem Fall* des Statuts) darstellt, während der Vertrag ein subjektiver Akt ist, *bei* dem der geistige Akt der Vertragsparteien den Gegenstand der Dienstleistung, den Umfang der Rechte und Pflichten und den persönlichen Geltungsbereich des Rechtsakts moduliert und bestimmt. Man dachte sogar, dass der Arbeitsvertrag selbst ein Zwangsakt sei, da er eine Vielzahl von zwingenden Vorschriften enthält, die nicht durch den Willen der Parteien außer Kraft gesetzt werden können; dieser Gedanke wurde jedoch bald überwunden. Was jedoch die gesetzlichen Verträge betrifft, so lässt sich die Hypothese vollkommen unter das Modell von Duguit (a.a.O., MARTINS, 2005) subsumieren; gleichzeitig ist von vornherein klar, dass die gesetzlichen Rechtsbeziehungen zwischen den Beamten und der Verwaltung eine unwiderrufliche Konsensgrundlage haben.

Wenn also alle Elemente, die die persönliche Arbeit charakterisieren, vorhanden sind, was einen autonomen Schutz der Würde der menschlichen Person erfordert, war es notwendig, anzuerkennen, dass nach der EG Nr. 45/04 die Zuständigkeit für Streitigkeiten zwischen gesetzlichen Arbeitnehmern und der Verwaltung beim Arbeitsgericht liegt. Nur eine verfassungsrechtliche Ausnahme könne zu einer anderen Illusion führen - wie sie mutatis mutandi in der allgemeinen Gesetzgebung Italiens und anderer europäischer Staaten vorkomme. Nur ein verfassungsrechtlicher Vorbehalt könnte angesichts der ideologischen Ausrichtung der Reform zu einer weiteren Illusion führen - so wie es mutatis *mutandi in der allgemeinen Gesetzgebung* Italiens und anderer europäischer Länder der Fall ist.

Diese Idee wurde jedoch vom Obersten Gerichtshof verworfen. In der ADIn Nr. 3395, die von der Vereinigung der Bundesrichter eingereicht wurde, entschied der Richter Nelson Jobim in einer einstweiligen Verfügung vom 25. April 2005, dass Artikel 114, I der Bundesverfassung nicht verfassungswidrig sei (das Argument war, dass er formell verfassungswidrig sei, gerade weil der Vorbehalt, der die Zuständigkeit für die Verfolgung und Beurteilung von Rechtsstreitigkeiten dem Arbeitsgericht entzog, im Bundessenat gestrichen worden war, ohne an die Abgeordnetenkammer zurückzugehen). Dennoch beschloss der Präsident des Bundesgerichtshofs, der einstweiligen Verfügung stattzugeben, um alle Organe der Justiz an eine verfassungskonforme Auslegung zu binden, die alle Streitigkeiten, die sich aus Meinungsverschiedenheiten zwischen gesetzlichen Beamten und der

Verwaltung ergeben, von der Zuständigkeit des Arbeitsgerichts ausschließt.

Auf diese Weise hat die fragliche Entscheidung, *ad referendum des Plenums*, jede Auslegung von Artikel I des Art. 11 der Bundesverfassung in der Fassung des EG 45/2004, der in die Zuständigkeit des Arbeitsgerichts die Verhandlung von Rechtsstreitigkeiten zwischen der öffentlichen Gewalt und ihren Arbeitnehmern einschließt, die durch ein typisches gesetzliches oder rechtlich-administratives Verhältnis mit ihr verbunden sind.

Mallet (2205, S. 75) lehnt die Gründe für die einstweilige Verfügung ab und ist der Ansicht, dass die Zuständigkeit auf Rechtsstreitigkeiten im Bereich der Verwaltung ausgedehnt werden sollte:

Nach dem verabschiedeten und veröffentlichten Text der Verfassungsänderung 45 ist das Arbeitsgericht für die Beurteilung von Fällen zuständig, die öffentlich Bedienstete betreffen, und zwar sowohl solche, die - wie nach bisherigem Recht - dem CLT-Regime unterliegen, als auch solche, die an das gesetzliche Regime gebunden sind, einschließlich derjenigen, die Vertrauensstellungen in einer der föderalen Einrichtungen innehaben. Die im Rahmen der Verfassungsmäßigkeitskontrolle erlassene einstweilige Verfügung hat jedoch eine andere Auslegung ergeben, obwohl es kein Erfordernis der thematischen Relevanz gibt, was dazu führen dürfte, dass die Klage ohne Urteil in der Sache abgewiesen wird.

Dies wird auch von Delgado bestätigt (2005, S. 287):

Ohne auf die Diskussion über die formale Verfassungswidrigkeit von Artikel 114, Punkt I, der Verfassung der Republik einzugehen und sich nur auf die Bedeutung des normativen Textes zu konzentrieren, kann man sich dem Irrtum einer Auslegung nicht entziehen, die die Beamten des Bundes, der Länder und der Gemeinden vom Geltungsbereich der Arbeitsgerichtsbarkeit ausschließt.

Ein anderer Gedankengang plädiert für den Ausschluss der genannten Zuständigkeit, auch wenn die Zustimmung zum Ausschluss in der Abgeordnetenkammer verweigert wird oder wenn der Gegenstand der betreffenden ADIn verloren geht.

Dallegrave (2005) stellt in Bezug auf die Entscheidung des Gesetzgebers, die Beamten in ein rechtlich-administratives System einzubeziehen, fest, dass diese Entscheidung nicht angemessen erscheint, da beispielsweise für die öffentlich Bediensteten verwaltungsrechtliche Grundsätze gelten, die in keiner Weise mit den Arbeitsbeziehungen zwischen Privatpersonen identisch oder ihnen ähnlich sind.

Arnaldo Sussekind (2005) stellt außerdem fest, dass sich die vertragliche Ausrichtung der durch das Gesetzbuch und das Bürgerliche Gesetzbuch geregelten Beziehungen stark von der administrativen Ausrichtung unterscheidet und dass es für das Arbeitsgericht unmöglich wäre, seine Grundsätze mit denen der rechtlich-administrativen Ausrichtung in Einklang zu bringen.

Wenn dieser Gesetzesinhalt jedoch nicht von beiden Kammern des Parlaments gebilligt wurde, wie in ADIn 3395 dargelegt, besteht die ernsthafte Gefahr der formellen Verfassungswidrigkeit von Artikel 114 Absatz I. Andererseits ist angesichts der Tatsache, dass die Verfassungsbestimmung zwei gegensätzliche Auslegungen aufweist (eine, die gesetzliche Streitigkeiten in die Zuständigkeit des Arbeitsgerichts einbezieht, und die andere, die sie von der Zuständigkeit der ordentlichen Gerichte ausschließt), der sukzessive Antrag der ADIn 3395 auf eine verfassungskonforme Auslegung durchaus notwendig. Es lohnt sich, kurz auf den Klagegrund der ADIn einzugehen, ohne zu versuchen, die Brillanz der Unterzeichner wiederzugeben.

Der Vorwurf der formellen Verfassungswidrigkeit stützt sich vor allem auf das Fehlen eines identischen Textes (von Punkt I des Artikels 114), der in einer doppelten Abstimmung in beiden Kammern angenommen wurde. Der im Senat angenommene Text enthielt einen zweiten Teil ("mit Ausnahme der Beamten, die durch Gesetz geschaffene ständige oder beauftragte Stellen besetzen, einschließlich der Gemeinden und der öffentlichen Stiftungen der genannten Föderationssubjekte"), der in der vorangegangenen Abstimmung in der Abgeordnetenkammer nicht vorhanden war. Anschließend wurde das Gesetz verkündet, wobei die von der Abgeordnetenkammer angenommene Fassung (ohne den vom Senat eingefügten zweiten Teil) veröffentlicht wurde.

Die Anwälte der ADIn behaupten, dass es keine Vorstellung von einem Konsens gab, da die Änderung zu einer Änderung der Bedeutung des Gesetzesvorschlags führte und daher das für Änderungen vorgesehene Gesetzgebungsverfahren nicht eingehalten wurde (Artikel 60, Absatz 20, GR). Die in Artikel 66 Absatz 2 der Bundesverfassung enthaltene partielle Vetoregelung, die die Aussetzung eines Teils eines Artikels, Absatzes, einer Klausel oder eines Unterabsatzes verbietet, wird ebenfalls analog geltend gemacht.

Ob es einen Konsens zwischen den beiden Kammern des Parlaments gab und ob dieser darin bestand, die gesetzlichen Beziehungen von der neuen Zuständigkeit des Arbeitsgerichts auszuschließen, wird in erster Linie der Nationalkongress selbst zu beurteilen haben.

Der vom Senat eingefügte zweite Teil von Artikel 114 Absatz I ("mit Ausnahme der Beamten, die durch Gesetz geschaffene ständige oder beauftragte Posten bekleiden, einschließlich der Autarkien und der öffentlichen Stiftungen der oben genannten Föderationseinheiten"), der schließlich aus dem Gesetzesentwurf gestrichen wurde, hätte den Inhalt der Bestimmung verändert und sie grundlegend von der in zwei Runden von der Abgeordnetenkammer gebilligten Fassung unterschieden bzw. hätte Raum für zwei widersprüchliche Auslegungen hinsichtlich der Frage gelassen, welche gerichtliche Instanz ab EG 45/04 für die Entscheidung von Fragen im Zusammenhang mit den Rechtsverhältnissen zuständig sein würde.

Teixeira Filho (2005, S.135-136) geht sogar so weit zu behaupten, dass die vom Senat verabschiedete Fassung den Übergang von Rechtsstreitigkeiten an das Arbeitsgericht verringern würde:

Im Übrigen könnte die Zuständigkeit der Arbeitsgerichte für Streitigkeiten aus gesetzlichen Arbeitsverhältnissen mit der öffentlichen Verwaltung vorübergehend sein, wenn man die Möglichkeit in Betracht zieht, dass der in Punkt I. des Artikels 114 eingefügte Vorbehalt vom Föderalen Senat gebilligt wird, der von der Zuständigkeit der Arbeitsgerichte Klagen ausschließt, die von "Beamten in gesetzlich geschaffenen, unbefristeten oder beauftragten Positionen, einschließlich der Gemeinden und der öffentlichen Stiftungen der vorgenannten Einheiten des Bundes" erhoben werden. Dieser Vorbehalt wurde, gerade weil er vom Senat hinzugefügt wurde, an die Abgeordnetenkammer zurückgeschickt, um dort diskutiert und abgestimmt zu werden. Wenn er angenommen wird, wird, wie wir bereits gesagt haben, dem Arbeitsgericht seine derzeitige Zuständigkeit für Rechtssachen, die Beamte betreffen, entzogen. Wenn dies tatsächlich geschieht, wird die Zuständigkeit, wie wir vorausgesagt haben, flüchtig und stürmisch sein, wie ein Sommerregen, der eine Spur der Verwirrung oder der Verwüstung hinterlässt, weil die Klagen von Beamten vor dem Arbeitsgericht an das ordentliche Landes- oder Bundesgericht übertragen werden, je nachdem, mit allen Unannehmlichkeiten, die mit dieser zufälligen Übertragung der Zuständigkeit verbunden sind.

Wagner D. Giglio und Souto Maior (a.a.O., MARTINS, 2005) definieren die Zuständigkeit des Arbeitsgerichts nicht in Bezug auf alle Arbeitsverhältnisse. Sergio Bermudes (2005) spricht sich ebenfalls gegen eine weite Auslegung des Begriffs Arbeitsverhältnis aus. Der Arbeitsrichter Antonio Alvares da Silva (2005) sieht die neue Arbeitsgerichtsbarkeit weit gefasst, einschließlich der gesetzlichen Arbeitsverhältnisse, ebenso wie Manoel Antonio Teixeira Filho (2005).

Teixeira Filho (2005, S. 134) erinnert daran, dass es bereits eine verfassungsrechtliche Regelung gibt, die ausdrücklich besagt, dass das Verhältnis zwischen Beamten und der öffentlichen Verwaltung im Wesentlichen ein Arbeitsverhältnis ist:

[...] der Begriff des Arbeitsverhältnisses umfasst auch die öffentlich-rechtlichen Bediensteten. Damit keine Zweifel aufkommen, sei daran erinnert, dass die Bundesverfassung von 1967 mit dem durch die Novelle 1/69 eingeführten Wortlaut in Artikel 110 festlegt: Streitigkeiten aus dem Arbeitsverhältnis der Beamten mit der Union, einschließlich der Bundesbehörden und der öffentlichen Unternehmen, unabhängig von ihrer Rechtsform, werden vor den Bundesrichtern verhandelt und entschieden, und es wird gegebenenfalls eine Beschwerde beim Bundesberufungsgericht eingelegt.

Daher erkannte dieser Verfassungstext der Vergangenheit ausdrücklich an, dass ein Arbeitsverhältnis zwischen den Beamten, ob verbeamtet oder nicht, und der Union bzw. der öffentlichen Verwaltung auf allen ihren Ebenen besteht. Genau diese Formulierung wurde nun in den Wortlaut von Artikel 114 Ziffer I (EG Nr. 45/2004) übernommen. Dieser Begriff entspricht jedoch nicht der Rechtsprechungstradition des Bundesgerichts. Im ursprünglichen Antrag auf ADIn 3395 wurde eine rechtzeitige Retrospektive vorgenommen, die sich auf die führenden Stimmen der Richter Carlos Velloso (der sich auch auf die Position des Richters Octavio Gallotti bezog), Ilmar Galvao, Marco Aurelio, Sepulveda Pertence und Cezar Peluso stützte, die alle entschieden, das gesetzliche Verhältnis aus dem Genre des Arbeitsverhältnisses auszuschließen.

Die Kraft des Konservatismus in diesem Bereich ist unübersehbar. Vor nicht allzu langer Zeit hat sich der Bundesgerichtshof in einer ADIn gegen die Verlagerung von Rechtsstreitigkeiten an das Arbeitsgericht ausgesprochen. Auch Teixeira Filho (2005, S.135) erinnert daran:

Die Tatsache, dass der Buchstabe "e" des Artikels 20 des Gesetzes 8112/90 (das das Rechtssystem der Beamten der Union, der Autonomen Gemeinschaften und der Föderalen Öffentlichen Stiftungen regelt) dem Arbeitsgericht die Zuständigkeit für Streitigkeiten aus Arbeitsverhältnissen von Staatsbediensteten überträgt. Diese Bestimmung wurde jedoch schließlich vom Bundesgerichtshof in der ADI Nr. 492-1-DF mit Minister Carlos Mario Velloso als Berichterstatter für verfassungswidrig erklärt (in DJU vom 12.3.93). Später wurde durch das Gesetz Nr. 9.527 vom 10.12.97 der vorgenannte Buchstabe "e" (wie auch "d") aufgehoben.

Antonio Alvares da Silva (2005, S. 82) kritisiert die von Richter Nelson Jobim in der Rechtssache ADIn 3395 erlassene einstweilige Verfügung, die vom gesamten Obersten Gerichtshof bestätigt wurde, scharf:

Gerade als dieses Kapitel geschrieben wurde, wurde die Nation von der Verfügung des Präsidenten des STF, Minister Nelson Jobim, überrascht, der in der Rechtssache Adin Nr. 3395 eine einstweilige Verfügung erließ, um die Auslegung von Punkt I des Art. 11 des CF in der Fassung der EG Nr. 45/04 auszusetzen, der die Zuständigkeit der Arbeitsgerichte auf Rechtsstreitigkeiten zwischen öffentlichen Behörden und ihren Beschäftigten erstreckt. 45/04, die die Zuständigkeit der Arbeitsgerichte auf Rechtsstreitigkeiten zwischen der Regierung und ihren Angestellten erstreckt, die durch ein typisches gesetzliches oder rechtlich-administratives Verhältnis an sie gebunden sind. Der Fehler ist gewaltig, und der STF hat die frühere Rechtsprechung auf der Grundlage des früheren Wortlauts von Art. 114 aufrecht erhalten und dabei die neue Formulierung der EG Nr. 45 und die damit verbundene tiefgreifende Änderung des betreffenden Artikels nicht beachtet.

In Anbetracht der erga omnes-Wirkungen dieser Entscheidung muss sie in der ersten und zweiten Instanz nach den allgemeinsten Grundsätzen der richterlichen Disziplin respektiert werden, da sonst die Rechtssicherheit des brasilianischen Justizsystems gefährdet ist. Dies hindert die Lehre jedoch nicht daran, die Entscheidung zu Recht zu kritisieren, da sie einen historischen Fortschritt, den die EG Nr. 45/2004 mit sich bringt, behindert.

Grundlage der EG 45/04 ist im Hinblick auf Artikel 114 der Verfassung der implizite Grundsatz der Vereinheitlichung der Arbeitsgerichtsbarkeit, d. h. die Zusammenführung des Phänomens Arbeit im weitesten Sinne in ein und demselben Rechtsbereich. Das Arbeitsgericht ist nicht mehr ein Arbeitsgericht, sondern ein Gericht, das auf berufliche Tätigkeiten spezialisiert ist. Die Vorteile der Vereinheitlichung aller Arten von Berufsverhältnissen unter derselben Gerichtsbarkeit sind politisch unbestreitbar und haben Konsequenzen für das materielle Arbeitsrecht selbst, das bis dahin die Beschäftigung als Zentrum des Arbeitsuniversums betrachtete, um das sich ähnliche Vertragsfiguren gruppierten, von denen einige bereits in die Zuständigkeit des Arbeitsgerichts fielen (Leiharbeiter, Lehrlinge, Hausangestellte, Landarbeiter und Kleinunternehmer).

Es gab keine Rechtfertigung mehr für ein spezialisiertes Gericht zur Auslegung und Anwendung des Gemeinschaftsrahmens und der damit zusammenhängenden spärlichen Gesetzgebung, da die Erwerbstätigkeit statistisch gesehen seit den letzten Jahrzehnten des letzten Jahrhunderts anderen Formen des Lebensunterhalts gewichen ist. Aus der Sicht der Menschheitsgeschichte hat es nie ein ewiges Produktivmodell gegeben. Im Gegenteil, sie haben sich alle überlebt, so dass die zunehmende Untätigkeit der Beschäftigung nichts Neues ist.

In diesem Zusammenhang weist Dalazen (2005) darauf hin, dass die Verfassung die Beziehungen des öffentlichen Dienstes nicht mit den Arbeitsbeziehungen gleichgesetzt hat und dass die verschiedenen Bereiche, in denen sie angesiedelt sind, nicht verwechselt werden dürfen: erstere im öffentlichen Recht und letztere im Privatrecht. Wie bei den anderen Erweiterungshypothesen ging es darum, Fragen in den Arbeitsprozess einzubringen, die aufgrund ihrer sozialen Bedeutung schnelle, unmittelbare und objektive Urteile erfordern. Die Einbeziehung anderer Arten von Arbeitsverhältnissen in die Sphäre des Arbeitsgerichts entstellt dieses nicht als Fachgericht, wie manche meinen. Ganz im Gegenteil: Es bringt nur Farbe in die Spezialität der Arbeitsgerichtsbarkeit, die ohne die EG 45/04 bald am Abgrund stehen würde.

Bei der Entscheidung von Fällen, die Beamte betreffen, wird das Arbeitsgericht das Gesetz 8.112/90 nicht aufheben und den CLT auf sie anwenden. Der Beamte unterliegt weiterhin dem Gesetz selbst, genießt aber die Vorteile des Verfahrens. Das Verfahren, das instrumentellen Charakter hat, darf nicht mit den materiellen Gesetzen verwechselt werden, die die Güter des Lebens und die menschlichen Beziehungen regeln.

Es ist wichtig, sich daran zu erinnern, dass Artikel 240(e) des Gesetzes Nr. 8.112/90 den Arbeitsgerichten einst diese materielle Zuständigkeit verlieh, die nur deshalb nicht mehr besteht, weil der Bundesgerichtshof sie für verfassungswidrig erklärte. Die grundlegenden Gründe, die die vorgenannte Erklärung der materiellen Verfassungswidrigkeit ausdehnen, bestehen jedoch eklatant nicht mehr, angefangen bei dem offensichtlichen Umstand, dass es keine Konfrontation zwischen einem einfachen Gesetz und einer Verfassungsnorm gibt. Und selbst wenn es eine solche Konfrontation gäbe, bliebe, nur um der Argumentation willen, keiner der für die Erklärung der materiellen Verfassungswidrigkeit angeführten Gründe bestehen. In der Tat bezieht sich der derzeitige Wortlaut von Artikel 114 Absatz I nicht mehr auf eine Streitigkeit zwischen Arbeitnehmern und Arbeitgebern und sieht auch keine Klassenvertretung in der Struktur des Arbeitsgerichts vor; außerdem wurde er damals auch im Lichte einer inzwischen nicht mehr existierenden Verfassungsnorm (Artikel 39) für verfassungswidrig erklärt, die eine einheitliche Rechtsordnung für Beamte vorsah.

In diesem Sinne erklärt Dalazen (2005, S. 102):

Man kann mit Fug und Recht behaupten, dass das vor der Verordnung (EG) Nr. 5/2004 geltende System der Aufteilung der Zuständigkeit nach der Rechtsordnung unangemessen ist. Es sei daran erinnert, dass beispielsweise bei Bundesbeamten die Begrenzung der Zuständigkeit des Arbeitsgerichts bis zum 11.12.1990 (Gesetz Nr. 8112 vom 10.12.90) häufig dazu führte, dass der Beamte für dasselbe Recht nacheinander vor dem Arbeitsgericht und dem Bundesgerichtshof klagen musste, was sogar zu widersprüchlichen Entscheidungen führen konnte.
Darüber hinaus hat diese doppelte Zuständigkeit eine perverse Situation für den Beamten und ein nicht zu rechtfertigendes Privileg für die öffentliche Verwaltung geschaffen. Denn sie hat es der öffentlichen Verwaltung ermöglicht, nach eigenem Gutdünken den Teil der Justiz zu wählen, der zuständig ist, indem sie das Rechtssystem des Beamten geändert hat.
Es gibt also viele Gründe, das Arbeitsgericht mit der Beilegung von Streitigkeiten zwischen öffentlich-rechtlichen Bediensteten und der öffentlichen Verwaltung zu betrauen, die natürlich unter dem umfassenden Ansatz des öffentlichen Rechts stattfinden werden.

Die Frage, die wir uns jetzt stellen, ist folgende: Gibt es im brasilianischen öffentlichen Dienst noch typische gesetzliche oder administrative Beziehungen?

Es gibt mehrere Faktoren, die darauf hinweisen, dass das brasilianische Verfassungsrecht das gesetzliche Rechtsverhältnis zwischen Beamten und dem Staat überwunden hat: öffentliche Beschäftigung neben öffentlichen Ämtern, die Anwendung von 16 der 34 Rechte, die städtischen und ländlichen Arbeitnehmern garantiert werden, auf Beamte, die Ausweitung des Gewerkschafts- und Streikrechts auf Beamte, das Nichtvorhandensein eines einheitlichen Rechtssystems und die Erlaubnis, zivile Beamte zur Besetzung öffentlicher Stellen einzustellen - Gesetz 9962/00.

Zusammenfassend lässt sich nach der Analyse der Begründung der ADIn 3395 feststellen, dass die Rechtsverhältnisse in die Gattung der Arbeitsverhältnisse einbezogen werden, ebenso wie die Vereinheitlichung der Arbeitsgerichtsbarkeit als institutioneller Fortschritt angesehen wird. Es besteht jedoch nicht mehr die gleiche unerschütterliche Sicherheit, dass insbesondere die Änderung von Artikel 114 das Ergebnis einer übereinstimmenden Auffassung der gesetzgebenden Körperschaften war, oder dass das Gesetzgebungsverfahren zur Änderung der Verfassung (Artikel 60 Absatz 2 GR) regelmäßig eingehalten wurde.

Wie auch immer die Entscheidung in der Sache ADIn 3395 ausfallen wird, sie sollte nicht länger andauern, da fast 10 Jahre vergangen sind, denn die fehlende Definition der Zuständigkeit wird die Gewährung von Rechtsschutz nur verlangsamen: Unterlassungsklagen sind nicht mit der Endgültigkeit und Unveränderlichkeit ausgestattet, die der Rechtskraft vorbehalten sind. Die restriktiven Urteile zeigen jedoch, dass die Konsolidierung der neuen Zuständigkeiten durch die Verordnung (EG) Nr. 45/04 weder reibungslos noch großzügig erfolgen wird. Einmal mehr werden wir Zeuge einer umsichtigen Konstruktion des Gesetzes, die bereits über die Grenzen des Arbeitsrechts hinausgeht, und zwar im Sinne einer objektiven Abgrenzung des kasuistischen Universums, das von nun an Teil der materiellen Zuständigkeit des Arbeitsgerichts sein wird. Es ist zu hoffen, dass sich am Ende die humanisierende Ausdehnung durchsetzt und die Ausweitung der Zuständigkeit des Arbeitsgerichts seine sozialen und politischen Ziele konkret verwirklichen kann.

Bei der Beurteilung dieser Frage erleben wir täglich, dass die Gerichte die Zuständigkeit der Arbeitsgerichte einschränken. So geschehen in der Entscheidung des Richters Edson Fachin vom Bundesgerichtshof, der dem Antrag der Gewerkschaft stattgab und das Arbeitsgericht von Sao Paulo für unzuständig erklärte, einen Fall zu prüfen, in dem es um einen pensionierten Eisenbahner der Companhia Paulista de Trens Metropolitanos (CPTM) ging, wobei er sich auf einen Präzedenzfall stützte, der in der Direkten Aktion für Verfassungswidrigkeit 3.395 festgelegt wurde.

In dieser Entscheidung erklärte der Richter des Arbeitsgerichts von São Paulo ([a]) den Fall für erledigt, weil er die Unzuständigkeit des Arbeitsgerichts anerkannte. Der Kläger legte jedoch Berufung beim TRT der zweiten Region (SP und MS) ein, das zu dem Schluss kam, dass das Arbeitsgericht zuständig sei, woraufhin die Gewerkschaft schließlich eine Beschwerde beim Obersten Gerichtshof einreichte, mit der Begründung, dass die Entscheidung des regionalen Gerichts gegen die Entscheidung im Urteil über die Vorsichtsmaßnahme in ADI 3.395 verstoßen hätte. Werfen wir einen Blick auf die Entscheidung im Ganzen:

ENTSCHEIDUNG: (1) Es handelt sich um eine Verfassungsbeschwerde mit einem Antrag auf Erlass einer einstweiligen Verfügung gegen ein Urteil des Richters des Arbeitsgerichts 71[a] von São Paulo, mit dem die Autorität der Entscheidung des Gerichts in der Rechtssache ADI 3395-MC (Rel. Min. Cezar Peluso, Plenario, DJ vom 10.11.2006) missachtet worden sein soll. Der Kläger macht zusammenfassend geltend, dass eine Arbeitsklage gegen die Gewerkschaft, das Nationale Institut für Soziale Sicherheit (INSS) und die Companhia

Paulista de Trens Metropolitanos (CTPM) eingereicht wurde, um die Anpassung der Rentenzulage des Begünstigten zu gewährleisten. Sie argumentiert auch, dass es in diesem Fall nicht um ein Arbeitsverhältnis geht, "(...) sondern vielmehr um ein Verhältnis, das sich aus der Anwendung von Bundesgesetzen ergibt. Es sei darauf hingewiesen, dass der Kläger in dem Fall, in dem die Entscheidung ergangen ist, die zu dieser Klage geführt hat, im Ruhestand ist und in keinem Arbeitsverhältnis mehr steht. Außerdem beantragt er die Ergänzung seiner Rente auf der Grundlage der Gesetze 8.186/91 und 10.478/02". (Seite 5 des ursprünglichen Antrags).

Sie macht geltend, dass nach der Rechtsprechung dieses Gerichtshofs der Gemeinsame Gerichtshof für die Klagen ehemaliger Eisenbahner und Rentner der in die Fepasa eingegliederten Unternehmen auf Gewährung von Rentenzuschlägen zuständig sei, dass aber der angefochtene Richter unter Verstoß gegen ADI 3395 die Zuständigkeit des Arbeitsgerichts bejaht habe.

2.   Die Angemessenheit der Beschwerde, eines Rechtsinstituts mit Verfassungscharakter, muss innerhalb der strengen Grenzen der geltenden Vorschriften beurteilt werden, die sie nur zur Wahrung der Zuständigkeit des Gerichtshofs und zur Gewährleistung der Autorität seiner Entscheidungen vorsehen (Art. 102, I, I, EuG/88), sowie gegen Handlungen, die einer verbindlichen Summa widersprechen oder sie unangemessen anwenden (Art. 103-A, § 3, EuG/88).

In der Rechtssache geht es um einen Antrag auf Anpassung der von der INSS gemäß den Gesetzen 8.186/91 und 10.478/02 gezahlten zusätzlichen Altersrente, wie es in dem angefochtenen Urteil heißt: "Das Gesetz 10478/02 hat den Anspruch auf eine zusätzliche Altersrente gemäß dem Gesetz 8186/91 auf Eisenbahner ausgedehnt, die bis zum 21. Mai 1991 von Rede Ferroviaria Federal S.A. - RFFSA - eingestellt wurden, was genau der Fall ist, der auf die vorliegende Hypothese zutrifft" (Seite 4 der Akte 7 der elektronischen Unterlagen). Obwohl die Klägerin zu ihrer Verteidigung die Unzuständigkeit des Arbeitsgerichts anführte und sich dabei auf Präzedenzfälle des Obersten Gerichtshofs berief, wies das Gericht diese Behauptung zurück und entschied, dass den Klagen stattgegeben wurde.

In dieser Hinsicht wird die Autorität der in ADI 3395 getroffenen Entscheidung angegriffen, da das Plenum des Gerichtshofs in dem Urteil über die Direktklage eine vom damaligen Präsidenten, Minister Nelson Jobim, im Urlaub erlassene einstweilige Verfügung bestätigte, um die Auslegung von Art. 114, I, der Verfassung der Republik in der Fassung des EG 45/2004, der die Zuständigkeit des Arbeitsgerichts auf Rechtsstreitigkeiten zwischen der Regierung und ihren Angestellten erstreckt, die durch ein typisches gesetzliches oder rechtlich-administratives Verhältnis an sie gebunden sind.

Und beide Kammern des Obersten Gerichtshofs haben bereits festgestellt, dass das Rechtsverhältnis der Eisenbahner der inzwischen aufgelösten Fepasa ein gesetzliches und kein celetista ist: "AGRAVO REGIMENTAL NO AGRAVO DE INSTRUMENTO. VERFASSUNGSRECHTLICH. EHEMALIGE FEPASA-BESCHÄFTIGTE. GESETZLICHES SYSTEM. RENTNER. VOLLE RENTE. SELBSTANWENDUNG VON ARTIKEL 40, ABSATZ 5 (JETZT ABSATZ 7) DER BRASILIANISCHEN VERFASSUNG.
1.   Beide Kammern dieses Gerichts haben entschieden, dass ehemalige Eisenbahner, die für die inzwischen aufgelöste FEPASA arbeiteten, dem gesetzlichen Rechtssystem und nicht der Consolidation of Labor Laws - CLT unterlagen.
2.   Erhalt einer Todesfallrente in Höhe des gesamten Gehalts oder der Rente der verstorbenen Beamten im Lichte des selbst anwendbaren Artikels 40, § 5 (jetzt § 7), der brasilianischen Verfassung, vorbehaltlich der in Artikel 37, XI, des CB/88.Precedents. Einstweilige Verfügung zurückgewiesen" (AI n° 548.235-AgR, Rel. Min. Eros Grau, 2ª Turma, DJ de 9.6.2006).

Schließlich ist darauf hinzuweisen, dass der Vorwurf eines Verstoßes gegen die Bestimmungen von ADI 3395, der in einer identischen Situation im Rahmen einer Beschwerde formuliert wurde, bereits vom Plenum des STF in Anerkennung der Zuständigkeit des Gemeinsamen Gerichts beurteilt worden ist:

"Einstweilige Beschwerde in der Beschwerde. 2. Zuständigkeit. Klage auf Aufstockung der Rente eines pensionierten Angestellten der Rede Ferroviaria Federal S/A 3. Behauptung der Zuständigkeit des Arbeitsgerichts. Unstimmigkeit. ADI-MC 3.395. 4. Einstweilige Verfügung zurückgewiesen." (Rcl 11.231-AgR, Rel. Min. Gilmar Mendes, Plenum, DJe 15.10.2012).

3.   Daher gebe ich der Beschwerde auf Aufhebung der angefochtenen Entscheidung unbeschadet der einstweiligen Anordnung statt.

Veröffentlichen. Werden Sie benachrichtigt.
Brasilia, 28. Februar 2013.

Richter TEORI ZAVASCKI Berichterstatter

Digital signiertes Dokument

Auf der Grundlage dieser Argumente liegt uns die Entscheidung vor, die diesem Verständnis zugrunde liegt und die es ebenfalls wert ist, transkribiert zu werden, um die namhaften Argumente zu bewerten, die es zu bewerten gilt. Schauen wir mal:

Entscheidung

1. Die Nationale Vereinigung der Arbeitsrichter - ANAMATRA (Blatt 546-590), die Nationale Vereinigung der Arbeitsstaatsanwälte - ANPT (Blatt 622-643) und das Arbeitsministerium - MPT (Blatt 647-660) beantragen die Zulassung zum Verfahren als amici curiae. Die Zulassung wurde ANAMATRA in der Plenarsitzung vom 5. April 2006 stillschweigend gewährt, als das Gericht mehrheitlich die in dieser Direktklage erlassene einstweilige Verfügung bestätigte und der Kläger mündliche Argumente vortrug.3 Die Zulassung sollte auch ANPT gewährt werden. Nach Einsichtnahme in die Klageschrift (S. 622-643) bin ich davon überzeugt, dass dieser andere Kläger die in der Rechtssache betroffenen Interessen angemessen vertritt, wie dies in Artikel 7, Absatz 2 des Gesetzes Nr. 9.868 vom 10. November 1999 gefordert wird, und einen wirksamen Beitrag zur Verfassungsdiskussion leisten kann.4 Die Relevanz der Angelegenheit ist ebenfalls unbestreitbar, da sie die Zuständigkeit des Arbeitsgerichts und folglich die Zuständigkeit des Gemeinsamen Gerichts für Rechtssachen im Bereich der Arbeitsbeziehungen betrifft. Kurz gesagt geht es um den Schutzbereich bzw. die sachliche Stütze der verfassungsrechtlichen Zuständigkeitsregel des Art. 114 I B-VG in der Fassung der Verfassungsnovelle 45 vom 30. Dezember 2004. Die hohe Zahl der Beschwerden, deren verfassungsrechtliches Paradigma Gegenstand der vorliegenden Direktklage ist, belegt eindeutig die Relevanz, die der Angelegenheit beigemessen wird.5 Die Manifestationen wurden vor Ablauf der Frist für die Einholung von Informationen eingereicht. Selbst wenn dies nicht der Fall wäre, habe ich kürzlich in analogen Fällen die Zulassung von Beteiligten nach Ablauf dieser Frist zugelassen (ADI Nr. 3.474, rel. Min. CEZAR PELUSO,DJ de 19.10.2005. Im gleichen Sinne: ADI n° 3.329, rel. Min. CEZAR PELUSO, DJ vom 26.05.2006; ADI Nr. 3651, rel. Min. CEZAR PELUSO, DJe vom 09.09.2009; ADI Nr. 4178, rel. Min. CEZAR PELUSO, DJe vom 15.10.2009).6. Es ist jedoch nicht der Fall, das öffentliche Arbeitsministerium zuzulassen. Die Behauptungen des Klägers sind bereits in der Streithilfe der ANPT vollständig dargelegt worden, deren Gründe größtenteils wörtlich mit denen des MPT übereinstimmen. Da die Zulassung einer Streithilfe eine extreme Maßnahme ist, die nur dann gerechtfertigt ist, wenn die Prüfung der Begründetheit von großer Bedeutung ist, sind kumulative Streithilfebeiträge unnötig, wenn dieselben Gründe bereits von einer anderen ordnungsgemäß vertretenen Einrichtung oder

einem anderen Organ vorgetragen wurden.7 Ich gebe daher dem Antrag der Nationalen Vereinigung der Arbeitsrichter - ANAMATRA und der Nationalen Vereinigung der Arbeitsstaatsanwälte - ANPT als amici curiae statt und weise den Schriftsatz des Arbeitsministeriums zurück; das Sekretariat sollte die entsprechenden Vermerke anbringen. Ich ermächtige sie, congruo tempore mündlich zu argumentieren, wie in ADI Nr. 2.777-QO (rel. Min. CEZAR PELUSO, DJ vom 15.12.2003) entschieden.Publique-se.Brasilia, 18. Januar 2010.Ministro CEZAR PELUSO Relator

Es besteht eindeutig ein Mangel an Rechtssicherheit hinsichtlich der Zuständigkeit der Arbeitsgerichte. Dies liegt daran, dass der Begriff "Arbeitsverhältnis" immer mehr eingeschränkt wird, so dass er verschiedene Streitigkeiten, die in direktem Zusammenhang mit dieser Materie stehen, nicht mehr umfasst, was zu Verfahrensverzögerungen führt, die mit dem Grundsatz der Schnelligkeit und der Spezialität unvereinbar sind. Die jüngsten Entscheidungen zeigen also, dass die Zuständigkeiten immer mehr eingeschränkt werden, zum Nachteil der ordentlichen Gerichte, die mit Fällen überlastet sind, und zum Nachteil der Parteien, die ihre Unterhaltsansprüche nur noch mit großem Aufwand prüfen lassen können.

7 SCHLUSSFOLGERUNG

Die Rechtsvergleichung zeigt eine weitreichende und sich ausweitende Tendenz beim Konzept der arbeitsrechtlichen Streitigkeiten, mit natürlichen Auswirkungen auf die Zuständigkeit der Arbeitsgerichte, die daher eine zunehmende Ausweitung erfahren, um die ausschließliche und absolute Identifizierung dieses Teils der Justiz mit dem Streit zwischen Arbeitnehmer und Arbeitgeber zu durchbrechen. Die bemerkenswerteste Neuerung liegt sicherlich in der materiellen Zuständigkeit des Arbeitsgerichts für Streitigkeiten aus dem Arbeitsverhältnis.

Anzumerken ist, dass im Verfassungstext von "individuellen und kollektiven Streitigkeiten zwischen Arbeitnehmern und Arbeitgebern" die Rede ist, aber auch die Zuständigkeit "in der Form des Gesetzes" für "sonstige Streitigkeiten aus dem Arbeitsverhältnis" zugewiesen wird. Im Zeichen dieses Verfassungsgebotes wurde also das Verständnis geschaffen, dass die Bundesverfassung selbst dem Arbeitsgericht die Beilegung von Streitigkeiten zwischen Arbeitnehmern und Arbeitgebern (typische Arbeitsstreitigkeiten) zuweist, dem Gesetz aber die Möglichkeit vorbehält, diese Zuständigkeit auf Streitigkeiten im Zusammenhang mit einem Arbeitsverhältnis im weiteren Sinn auszudehnen.

Daraus wurden zwei Schlüsse gezogen: Für Einzelkonflikte aus dem Arbeitsverhältnis ist die materielle Quelle des Arbeitsgerichts die Bundesverfassung selbst; für (atypische) Einzelkonflikte aus dem Arbeitsverhältnis hingegen ist die Quelle der materiellen Zuständigkeit das einfache Recht.

Seit der Verordnung (EG) Nr. 45/2004 ist die sachliche Zuständigkeit des Arbeitsgerichts nicht mehr strikt an die Streitigkeit aus dem Arbeitsverhältnis und zwischen den jeweiligen Parteien gebunden. Diese Zuständigkeit ist an die Streitigkeit aus dem Arbeitsverhältnis geknüpft.

Ziel der Untersuchung war es, den Auslegungsspielraum des Begriffs des Arbeitsverhältnisses für die Zwecke der oben genannten Rechtsprechung aufzudecken. Es handelt sich nicht um eine detaillierte Studie über den Auslegungsspielraum des Begriffs, sondern vielmehr um eine Erläuterung des rechtlich-administrativen Verhältnisses zwischen den öffentlich-rechtlichen Bediensteten und der öffentlichen Verwaltung mit dem Ziel, zu untersuchen, ob das

Arbeitsgericht für Konflikte im Zusammenhang mit den oben genannten Themen zuständig ist oder nicht 37

Epigraphiken.

Ausgehend von der Untersuchung dieses Rechts-Verwaltungs-Verhältnisses und den Neuerungen, die durch die Änderung 45 im Bereich der Zuständigkeit der Arbeitsgerichte eingeführt wurden, kam man zu dem Schluss, dass die Arbeitsgerichte nicht mehr ein spezialisierter Zweig der Justiz sind, der sich mit Arbeitsverhältnissen befasst, die in erster Linie durch das Element der Unterordnung geprägt sind, wie dies bei Streitigkeiten aus Arbeitsverträgen der Fall ist, bei denen eine Seite des Rechtsverhältnisses Arbeitgeber und die andere Seite Arbeitnehmer ist, wie es im genauen Wortlaut von Artikel 3 des Arbeitsvertrags heißt.

Neben den intersubjektiven Interessenkonflikten, die sich aus dem Arbeitsverhältnis ergeben, ist das Arbeitsgericht nunmehr auch für alle Klagen aus dem Arbeitsverhältnis zuständig, unabhängig davon, ob das Rechtsverhältnis einen untergeordneten Charakter hat, da es ausreicht, dass eine natürliche Person bestimmte, für einen Tätigkeitsvertrag typische Leistungen für eine andere Person erbringt, unabhängig davon, ob es sich dabei um eine natürliche oder juristische Person oder um eine Person des öffentlichen Rechts im Außen- oder Innenverhältnis handelt.

Zu diesem Zweck haben wir uns, um eine Diskussionsgrundlage zu schaffen, zunächst mit den Rechtssystemen des öffentlichen Dienstes befasst, wobei wir dem Hauptgegenstand dieser Arbeit, den öffentlich-rechtlichen Bediensteten, den Vorrang gaben. Unter diesem Gesichtspunkt haben wir versucht, die Theorien über das Wesen des Beamtenverhältnisses und des Arbeitnehmer-Arbeitgeber-Verhältnisses kurz darzustellen, wobei wir davon ausgingen, dass beide Verhältnisse eine Art der Gattung des Arbeitsverhältnisses sind, und dass, nur weil sie auch aus einer Art von untergeordneter Arbeitsleistung bestehen, die vertragliche Ausrichtung in beiden festgestellt wurde, da die Möglichkeit der einseitigen Änderung des Verhältnisses den vertraglichen Charakter eines Instituts nicht ausschließt. In der Tat besteht sowohl im Arbeitsrecht, wo das *jus variandi* des Arbeitgebers besteht, als auch im Verwaltungsrecht selbst die Möglichkeit einer einseitigen Änderung des Verhältnisses, ohne dass es seinen vertraglichen Charakter verliert.

Von Anfang an wurde der Begriff des Arbeitsverhältnisses im Rahmen der Untersuchung tiefgreifend interpretiert. Der erste Teil dieser Interpretation kam zu dem Schluss, dass das Arbeitsverhältnis so gestaltet ist, dass eine Person einer anderen Person Dienstleistungen erbringt, ohne dass eine

Unterordnung, Kontinuität oder Lästigkeit erforderlich ist.

Der Begriff des Arbeitsverhältnisses wurde wissenschaftlich und anschaulich dargestellt und vom Arbeitsverhältnis abgegrenzt. Der nächste Schritt bestand darin, die einzelnen Voraussetzungen des Arbeitsverhältnisses zu analysieren und eine klare Auslegung des Begriffs vorzunehmen. Durch die Systematisierung der im Hauptteil der Arbeit dargelegten Anforderungen kam man zu dem Schluss, dass folgende Elemente das Arbeitsverhältnis kennzeichnen: das Erfordernis eines Mindestmaßes an Persönlichkeit, die Nicht-Kontinuität, die Nicht-Unterordnung und die Nicht-Fremdbestimmung.

Das Rechts-Verwaltungs-Verhältnis weist jedoch diese Elemente auf, die es weiter als eine Angelegenheit der Arbeitsgerichtsbarkeit kennzeichnen, da der öffentlich-rechtliche Bedienstete persönlich sein muss, bis hin zu einer Verwarnung, wenn er Aufgaben an eine Person außerhalb des Verwaltungsrahmens der Einheit, in der er arbeitet, delegiert, oder sogar einer Suspendierung, wenn eine solche Delegation an einen anderen Bediensteten erfolgt, der keinen Auftrag hat, einen solchen Dienst auszuführen; er muss kontinuierlich arbeiten und seine Arbeitszeit wie jeder andere Arbeitnehmer erfüllen, wobei er Fehlzeiten und Gehaltsabzüge in Kauf nehmen muss und entlassen werden kann, wenn er seinen Posten verlässt oder regelmäßig der Arbeit fernbleibt, und er muss sich den festgelegten Regeln unterordnen und erhält sein Gehalt wie jeder andere Arbeitnehmer als Gegenleistung für die geleisteten Dienste, das sei noch einmal gesagt.

Wir haben uns auch mit den Theorien befasst, die sich mit der Tragweite des Begriffs Arbeitsverhältnis in der Rechtsordnung befassen, und uns vergewissert, dass trotz der verschiedenen Meinungen über die Tragweite dieses Begriffs die materielle Zuständigkeit des Arbeitsgerichts zweifellos stark erweitert wurde, und zwar bis zu dem Punkt, an dem hybride Situationen aufgenommen wurden, die bisher in der Zuständigkeit dieses Fachgerichts nicht vorgesehen waren.

Der springende Punkt der Untersuchung, der die Problematik dieser Studie darstellt, war die Frage, ob die Arbeitsbehörde für die Beilegung von Streitigkeiten zwischen der öffentlichen Verwaltung und ihren Angestellten, die durch ein rechtlich-administratives Verhältnis gebunden sind, zuständig sein sollte.

Artikel 114 Absatz I leidet eindeutig an einer mangelhaften und technisch unzulänglichen Formulierung, die durch das Gesetzgebungsverfahren, das zur EG Nr. 45/2004 führte, gut erklärt wird.

Obwohl diese Angelegenheit nach der Verfassungsänderung 45/2004 noch nicht vom Plenum des Bundesgerichtshofs geprüft wurde, hat der Präsident dieses Gerichts bei der Prüfung des Antrags auf Erlass einer einstweiligen Verfügung, den der AJUFE in der Sache ADln 3395 gestellt hatte, "*ad referendum*" jede Auslegung von Artikel I des Art. 114 der Bundesverfassung in der Fassung der Verfassungsnovelle 45/2004. 114 der Bundesverfassung in der Fassung der Verfassungsnovelle 45/2004, der in die Zuständigkeit des Arbeitsgerichtes die Zuständigkeit für Klagen von öffentlich Bediensteten einschließt.

Aus dem Inhalt der Entscheidung geht hervor, dass der angesehene Richter Nelson Jobin die Auffassung vertritt, dass auch nach der Verfassungsänderung 45/2004 die Zuständigkeit für die Verfolgung und Beurteilung von Klagen von öffentlich-rechtlichen Bediensteten bei den ordentlichen Gerichten des Bundes oder der Länder liegt, je nachdem, ob es sich um Bedienstete des Bundes oder der Länder und Gemeinden handelt. Nach Ansicht des Ministers hat die Novelle die Zuständigkeit des Arbeitsgerichts in dieser Hinsicht nicht geändert.

Dies ist noch nicht die endgültige Entscheidung des Obersten Gerichtshofs in dieser Angelegenheit. Es handelt sich lediglich um die Meinung seines Präsidenten, die in einer monokratischen Entscheidung zum Ausdruck kommt. Es ist jedoch anzumerken, dass die Entscheidung des Plenums im Rahmen einer direkten Verfassungsbeschwerde erga omnes-Wirkung und Bindungswirkung für die anderen Organe der Justiz und der direkten und indirekten öffentlichen Verwaltung (Bund, Länder und Gemeinden) haben wird.

Welches Verständnis der Oberste Gerichtshof auch immer annimmt, es muss befolgt werden. Dies ermöglicht die Einreichung einer Verfassungsbeschwerde im Falle der Nichtbeachtung der Entscheidung des Obersten Gerichtshofs.

Andererseits hat sich gezeigt, dass es Stimmen gibt, die diese offensichtliche Absicht des Gesetzgebers auch darin sehen, dass im Gegensatz zum früheren Wortlaut von Art. 114 im Gegensatz zum früheren Wortlaut von Art. 114 nicht erneut auf Streitigkeiten zwischen Arbeitnehmern und Arbeitgebern Bezug genommen wird. Das beredte Schweigen über die Themen, in denen eine Streitigkeit aus dem Arbeitsverhältnis gestaltet werden kann, deutet ebenfalls unausweichlich darauf hin, dass das Ziel darin bestand, die Zuständigkeiten des Arbeitsgerichts zu erweitern, um viele andere Streitigkeiten aus dem Arbeitsverhältnis im weitesten Sinne in seinen Zuständigkeitsbereich aufzunehmen.

Daher ist es klar und für diejenigen, die so denken, im Lichte einer historischen Interpretation des Gesetzgebungsverfahrens der EG Nr. 45/2004 nicht überraschend, dass es der *mens legislatoris* war, die Identifizierung der materiellen Zuständigkeit der Arbeitsgerichte ausschließlich mit Streitigkeiten aus dem Arbeitsverhältnis abzuwehren. Der Nationalkongress hat in der Tat zu verschiedenen Zeitpunkten den bewussten Wunsch geäußert, den Tätigkeitsbereich der Arbeitsgerichte zu erweitern, insbesondere durch den Verzicht auf den Begriff "Arbeitsverhältnis" zugunsten des viel weiter gefassten und allgemeineren Begriffs "Arbeitsverhältnis".

Abschließend ist zu erwähnen, dass die hier dargelegten Argumente und Schlussfolgerungen zwar am besten geeignet sind, um eine Ausweitung der Zuständigkeit des Arbeitsgerichts zu erreichen, dass jedoch die Rechtsprechung der höheren Gerichte, insbesondere des Obersten Arbeitsgerichts und des Bundesgerichtshofs, den Umfang des Begriffs Arbeitsverhältnis und seine richtige Auslegung im Hinblick auf die Verbindung zwischen dem öffentlich-rechtlichen Bediensteten und der öffentlichen Verwaltung definieren wird. Es bleibt nur noch, diese endgültigen Entscheidungen abzuwarten, die bisher noch nicht ergangen sind.

Das Vertrauen der abgeleiteten Wählerschaft in das Arbeitsgericht ist jedoch bedeutsam und kann nicht enttäuscht werden, da es ein Symbol für den Willen des brasilianischen Volkes ist, das vor allem von diesem spezialisierten Zweig der Justiz die Antwort auf seine Beschwerden und seine Sehnsucht nach Gerechtigkeit in einem echten Rechtsstaat erwartet.

Die Justizreform wird nur dann die gewünschte Wirkung erzielen, wenn die Richter selbst erkennen, dass alles jetzt nur der Anfang neuer Wege ist, ohne Angst zu haben, den neuen Weg zu beschreiten. Gerade für das Arbeitsgericht gibt es viele neue Wege, die es zu beschreiten gilt.

Es ist nicht möglich, ein Gericht mit minimaler Zuständigkeit aufrechtzuerhalten, das in kleineren Gerichten mangels Fällen oft nur einen Tag pro Woche arbeitet, während das staatliche Gericht unter einer enormen Zuständigkeit leidet. Die Grundsätze der öffentlichen Verwaltung müssen berücksichtigt werden, so dass es nur allzu offensichtlich ist, dass die Arbeitsgerichte alle oben genannten Gerichtsbarkeiten abdecken sollten, um alle Arbeitsstreitigkeiten zu beschleunigen, die unabhängig vom Arbeitsregime die gleiche Geschwindigkeit verdienen, da es sich in jedem Fall um Unterhalt handelt.

In Anbetracht dieser Überlegungen steht das Arbeitsgericht vor neuen Herausforderungen, auf die es zufriedenstellende, wirksame und schnelle Antworten geben muss. Es ist erwähnenswert, dass die Spezialisierung die Produktivität aufgrund der genaueren Kenntnisse des Spezialisten erhöht und dass letztendlich das Verständnis vorherrscht, dass die Verfassung beabsichtigt hat, Fragen in den Arbeitsprozess einzubringen, die aufgrund ihrer sozialen Bedeutung schnelle, unmittelbare und objektive Urteile erfordern, wodurch bestätigt wird, dass, wie zuvor betont, die Anziehung anderer Arten von Arbeitsbeziehungen in die Sphäre des Arbeitsgerichts dieses nicht als spezialisiertes Gericht entstellt, sondern nur seine Zuständigkeit in einer humanisierten Art und Weise erweitert, um die sozialen Anforderungen für eine schnelle Gerechtigkeit zu erfüllen.

Abschließend möchten wir betonen, wie wichtig es ist, das derzeitige Verständnis zu ändern, um die gewünschte Effizienz der Justiz zu erreichen, da der derzeitige Ansatz zu echter Ungerechtigkeit geführt hat.

REFERENZEN

ARAUJO, Richter Francisco Rossal. A **Natureza Juridica da Relagao de Trabalho - Novas Competencias da Justiga do Trabalho - Emenda Constitucional n° 45/2004.** Revista Justiga do Trabalho, Jahrgang 22, Nr. 254, Februar 2005, HS Editora, Porto Alegre.

BANDEIRA DE MELLO, Celso Antonio. **Kurs in Verwaltungsrecht.** 13. Auflage. Sao Paulo: Malheiros, 2001.

BARROSO, Luis Roberto. Judizialisierung, richterlicher Aktivismus und demokratische Legitimität. [S.O.], [200-?]. Verfügbar unter: <http://www.migalhas.com.br>. Zugriff am: 25/06/2018.

BRASILIEN, Oberstes Bundesgericht. **Direkte Klage auf Verfassungswidrigkeit Nr. 3.935.** Verfügbar unter: <http:// www.stf.gov.br>. Abgerufen am 25/06/2018.

BRASILIEN, Oberster Bundesgerichtshof. **Direct Action of Unconstitutionality n. 3395. Verfügbar unter:** <https://stf.jusbrasil.com.br/jurisprudencia/14829666/acao-direta-de- inconstitucionalidade-adi-3395-df-stf> Zugriff am 25/06/2018.

DALAZEN, Joao Oreste. Die Reform der Arbeitsgerichtsbarkeit und der neue Rahmen für die materielle Zuständigkeit der Arbeitsgerichte in Brasilien. In: **Neue Rechtsprechung der Arbeitsgerichte.** Koordinatoren, COUTINHO, Grijalbo Fernandese, FAVA, Marcos, Neves. Sao Paulo: LTr, 2005.

DELGADO, Mauricio Godinho. **Kurs in Arbeitsrecht.** Sao Paulo: LTr, 2005.

GASPARINI, Diogenes. **Verwaltungsrecht.** Sao Paulo: Saraiva, 2001.

KELSEN, Hans. Reine Theorie des Rechts. 7. Auflage. Sao Paulo: Martins Fontes, 2006.

MALLET, Estevao. Eine **Anmerkung zur Zuständigkeit des Arbeitsgerichts nach der Verfassungsänderung 45.** In: Revista do Tribunal Superior do Trabalho, vol.71, n.1, 2005.

MARTINS, Sergio Pinto. **Arbeitsrecht.** 21. Auflage. Sao Paulo: Atlas, 2005.

RODRIGUES, Rodnei Doreto; RODRIGUES, Gustavo Doreto. Die neue Rechtsprechung des Arbeitsgerichts - ein erster Ansatz. In: **Nova Competencia da Justipa do Trabalho.** Koordinatoren, COUTINHO, Grijalbo Fernandese, FAVA, Marcos Neves. Sao Paulo: LTr, 2005.

SUSSEKIND, Arnaldo. **Individuelle und kollektive Arbeitsbeziehungen bei der Reform des Justizwesens.** In: Revista do T ribunal Superior do T rabalho, vol. 71, n.1, 2005.